Federico Ezequiel Gargiulo

Spuren von Feuer

Erzählungen einer Expedition ans Ende der Welt

SÜD POL

Für Leo und Juan,
Expeditionsbegleiter und Freunde.

Für meine Eltern.

Für alle, die sich auf Abenteuer
in die Ferne wagen.

Gargiulo, Federico Ezequiel
Spuren von Feuer : Erzählungen einer Expedition ans Ende der Welt / Federico Ezequiel Gargiulo ; ilustrado por Nahuel Mieres. - 1a ed. - Ushuaia : Südpol, 2008.
216 p. : il. ; 23x15 cm.

Traducido por: Melanie Würth
ISBN 978-987-24524-1-4

1. Relatos de Viajes. I. Mieres, Nahuel, ilus. II. Würth, Melanie, trad. III. Título
CDD 910.4

(9410) Ushuaia - Tierra del Fuego - República Argentina
info@sudpol.com.ar

Diseño de tapa e interior: Magali Canale
magalicanale@fibertel.com.ar

Ilustraciones de interior: Nahuel Mieres
nahuel_mieres@hotmail.com

Versión en alemán: Melanie Würth

Todas las fotografías son propiedad del autor
excepto las señaladas.

Impreso en Argentina - *Printed in Argentina*

Primera edición: octubre de 2008

ISBN: 978-987-24524-1-4

Hecho el depósito que marca la ley 11.723
Libro de edición argentina

Inhalt

Prolog

Es ist keine einfache Aufgabe, den Leser in nur wenigen Zeilen in das Universum eines unveröffentlichten Werkes eines noch unbekannten Autors einzuführen. Ich fühle mich jedoch geehrt, dass ich dazu ausgewählt wurde, die kommenden Seiten mit dieser Art Vorwort einzuleiten, diesen schlichten Worten, die in einer gewissen Weise die Gastgeber sein sollen für ein Buch, dessen Lektüre keine Zeitverschwendung sein wird.

Das wiederholte Durchblättern der Seiten von *Spuren von Feuer* hat mich unvermeidlich – schliesslich habe ich es im Blut – an meinen Urgrossvater erinnert, Francisco Pascacio Moreno, einen Fachmann mit herausragenden Tätigkeiten in vielfachen Fragen rund um die Erforschung und die Entwicklung der rauesten, einsamsten und fernsten Regionen Patagoniens. Und da ich das Glück hatte, eine der ersten Personen zu sein, die in die Ereignisse dieses jungen Mannes mit dem forschenden Geist eintauchten durften, fällt es mir leicht, eine Linie zu ziehen, die die Vorhaben, Ziele und Ideale dieser zwei Abenteurer verbindet. Auch wenn diese unsichtbare Verknüpfung über zwei Jahrhunderte mit verschiedenen sozialen, politischen und wirtschaftlichen Bedingungen und über die Geschichte eines Landes, das seine Gestalt in allen Richtungen gewandelt hat, gespannt ist, so sind ihr Wesen und ihr tiefster Kern doch immer unverändert geblieben.

So wie der Held von einst – Francisco Pascacio Moreno – zeigt auch der Autor eine tiefe Liebe zu Patagonien, eine Liebe, die manchmal nur von jenen verstanden werden kann, die dieses Gefühl teilen. Auf die gleiche Weise wie *perito* (wie wir ihn in der Familie in Erinnerung behalten), drückt sich Gargiulo in seinen Beschreibungen, Ideen und Erlebnissen in einer einfachen und klaren Form aus und flechtet so im Verlauf seiner Erzählung auch ein wichtiges Stück Geschichte mit ein. Er tut dies mit der einfachsten Methode, die die Literatur zu bieten hat: Seine Worte kommen aus der Tiefe seines Herzens. Schliesslich, um diese Linie, dich ich soeben zu zeichnen begonnen habe, weiterzuspannen, bleibt mir zu sagen, dass sich sowohl Moreno als auch der Autor grossen Gefahren und Unglück ausgesetzt haben, immer mit der Absicht, zu erforschen, zu entdecken und schliesslich zu teilen.

Zurück in die Gegenwart. Bevor ich den Leser dieses neue literarische Werk geniessen lasse, habe ich die moralische Pflicht, ihm einige Empfehlungen zu machen: Lassen Sie ihrer Fantasie freien Lauf, machen Sie in Gedanken eine Reise durch die Höhen und Tiefen dieser Geschichte, geniessen Sie die schönen Momente, lachen Sie bei den lustigen und weinen Sie bei den traurigen. Bringen Sie ihren Geist zu diesen Orten der Träume, fühlen Sie den Sand zwischen den Zehen und die Kälte im Gesicht, spüren Sie das eisige Wasser bis zur Brust bei jeder erwähnten Flussüberquerung und erwärmen Sie sich am tanzenden Licht der Feuer der südlichen Nächte.

Es bleibt nicht mehr viel zu sagen, ausser Ihnen Glück zu wünschen auf dieser Wanderung über mehr als 500 Kilometer, auf dieser Pilgerreise, die Sie in die Unendlichkeit von traumhaften Landschaften führen wird, voll von historischen Ereignissen, die an einem Tag wie jedem anderen begann, auf die gleiche Art und Weise wie sich schon mein Urgrossvater, vor zwei Jahrhunderten, auf ein Abenteuer in die Ferne eingelassen hatte.

Adela Benítez Moreno

(Urgrossenkelin von Francisco Pascacio Moreno)

Einleitung

Dieses Buch hat keinen wissenschaftlichen Anspruch als Quelle für die historischen Aspekte im Zusammenhang mit der Geschichte Feuerlands. Hier werden die Ereignisse von drei Männern erzählt, die es wagten, auf einer Reise über mehr als 500 Kilometern die nötigen Kräfte und Energien zu bündeln um in einer rauen Umgebung, in einem Reich von Wundern, von Einsamkeit und Abgeschiedenheit zu überleben.

Der Leser wird hier keine Zeugnisse finden, die in den dunklen Räumen einer Bibliothek verfasst wurden, sondern die Eindrücke, die Gefühle und Erlebnisse von drei Abenteurern; Erlebnisse, die in der Tiefe eines Waldes, in der Weite eines verlassenen Strandes oder in der Perfektion der Spitze eines Berges zu finden sind. Im Verlauf dieser Zeilen wird er die Legenden, die Mythen und die Geschichte eines Ortes erforschen können, wo die Zeit stillzustehen scheint, wo die Geister früherer Seefahrer, Märtyrer und exzentrischer Glückssucher umherschweifen.

Dieses Werk hat nicht vor, alle Einzelheiten der Kultur dieses verlassenen Winkels der Welt aufzuzeigen. Es will vielmehr durch einen realen Kontext, am Ort des Geschehens auf sie hinweisen, durch die Magie, jeden Schiffbruch, jeden entlegenen Platz und jedes Ereignis vor Ort gefühlt, den Wind im Gesicht, das Wasser in den Händen, die Erde unter den Füssen und das Feuer in der Nacht gespürt zu haben.

Diese Zeilen sind nichts mehr als der Bericht eines Abenteuers, beladen mit Emotionen, Freude, Tränen und Traurigkeit, mit Heldentaten und Misserfolgen, mit Siegen und Niederlagen. Vergebens sucht man in diesem Buch nach trockenen Ausdrücken eines Wissenschaftlers, eines Botanikers oder Historikers. Sollten Sie sich dennoch zum Weiterlesen entscheiden, werden Sie nur von einfachen Worten begleitet werden, die in der Hitze der Seelen und der Herzen entstanden sind, durch die Erinnerung an die Geschichten an jenem Ort, wo sie ihren wirklichen Ursprung hatten.

F. E. G.

Anmerkung zur deutschen Ausgabe

Dinge, die mit den Gewohnheiten und der Folklore anderer Menschen zu tun haben, bringen oftmals Probleme, wenn ihre Bedeutung in andere Sprachen übersetzt werden soll. Die Situationen, die in diesem Buch beschrieben werden, verlangen manchmal kleine Erklärungen, die dem Leser ein besseres Verständnis ermöglichen. Deshalb habe ich mich entschieden, für diese deutsche Ausgabe ein Licht auf gewisse Ausdrücke im Zusammenhang mit Regionalismen und typisch argentinischen Traditionen zu werfen, auf die ich in meinem Text immer wieder zurückkommen werde und die in meiner Geschichte einen festen Platz einnehmen werden. Ausserdem findet man hier auch noch einige Informationen über die Bäume, die in der Region vorkommen und die im Verlauf des Abenteuers immer wieder erwähnt werden. Jene Leser, die an diesem Werk interessiert sind, werden vom Verständnis dieser Ausdrücke profitieren und von diesem Bericht eine vollständigere und reichere Erfahrung erhalten; die Geschichte der jungen Männer und einer Reise durch die entlegensten und einsamsten Orte Feuerlands.

F. E. G.

Mate

Mate ist ein Tee, bei dem die getrockneten, geschnittenen und gemahlenen Blätter der südamerikanischen Pflanze *yerba mate* (*Ilex paraguariensis*) in heissem Wasser aufgegossen werden. Der Name stammt vom Wort *mati* aus der Sprache der Quechua, was soviel wie Glas oder Trinkgefäss bedeutet. Dieser verbreitete sich als populäre Bezeichnung für den Kürbis (*Lagenaria sinceraria*), der als Behälter für den Tee gebraucht wird. Wie Tee, Kaffee oder Schokolade hat auch der *mate* durch seinen hohen Gehalt an Koffein (auch Matein genannt) eine sehr stimulierende Wirkung.

Da beim *mate*-Trinken, (spanisch *matear*), viel Wasser aufgenommen wird, hat er auch eine reinigende Funktion, und durch seine antioxidierenden Elemente wirkt er gleichzeitig entzündungshemmend. Der Geschmack des *mate* ist etwas herb, so dass oftmals weitere Kräuter – zur Verdauungsförderung, zur Beruhigung oder zur Schmerzstillung, etc. – in kleinen Portionen dazu gegeben werden, um seine Stärke ein wenig zu neutralisieren und die stimulierende Wirkung des Koffeins auszugleichen.

Traditionellerweise wird er heiss, direkt aus dem Kürbisgefäss (*mate* oder *porongo* genannt) und mit einem Strohhalm aus Metall getrunken. Der Strohhalm dient gleichzeitig als Sieb für das Kraut. Man kann ihn bitter oder süss zubereiten.

Der *mate* ist das Nationalgetränk Argentiniens; für jedermann, ob arm oder reich, ob in der Stadt oder auf dem Land, gehört dieser Brauch zum Alltag.

Schon die Art seiner Zubereitung – selbst ein Ritual – macht den *mate* zu einem besonderen Getränk. Im Unterschied zu Tee oder Kaffee, der in kleinen Tassen serviert wird, ist das Aufsetzen (spanisch *cebar*) von m*ate* ein ganz anderer Prozess. Es gibt eine lange Liste von Regeln und Traditionen, die bei der Zubereitung und beim Genuss von *mate* angewendet werden; sie ist zu lang und zu komplex, um hier ausführlich beschrieben zu werden. Nachfolgend sollen die wichtigsten Punkte erwähnt werden:

Der Tee wird zum Beispiel während der *mateada* traditionellerweise immer im Kreis herumgegeben.

Der Zubereiter, meist der Gastgeber, trinkt den ersten *mate*, bis kein Wasser mehr im Kürbis ist und Luft aus dem metallenen Strohhalm kommt. Anschliessend füllt er den *mate* immer wieder auf und reicht ihn – mit dem Strohhalm in dessen Richtung – dem Nächsten in der Runde, welcher ihn seinerseits leer trinkt und ohne zu danken dem Zubereiter zurückgibt. Das Ritual wird auf diese Weise im Kreis fortgesetzt, bis der *mate* „*lavado*" (ausgewaschen oder fade) ist.

Die Tatsache, dass alle das gleiche Gefäss und den gleichen Strohhalm teilen, macht das *mate*-Trinken zu einer einzigartigen und besonders vertrauten Erfahrung. So vertraut, dass es manche Leute mit Küssen vergleichen. Aus diesem Grund wird ein *mate* auch nicht mit jedermann geteilt. Im Gegenteil. Man teilt diese Erfahrung nur mit Menschen, die einem etwas bedeuten, denn einen *mate* zu teilen heisst, die Seele zu verbinden, und dies tut man nur zwischen Verwandten, engen Freunden, Liebespärchen oder Menschen, die einem sehr wichtig sind.

Ohne Zweifel ist *mate* mehr als nur ein Getränk; er ist ein Element der Verbindung, ein Symbol von Vertrauen, Freundschaft und Vertraulichkeit zwischen denen, die ihn gemeinsam geniessen.

Tortas fritas

Dies ist die traditionelle Beilage für eine richtige *mateada*. In Argentinien sind *tortas fritas* ein Teil der ländlichen Tradition. Normalerweise, wenn es der Regen unmöglich macht, draussen zu arbeiten, ist es für die Hausfrauen üblich, diese Speise zuzubereiten. Sie werden aus Mehl, Wasser, Salz und Fett gemacht; der Teig wird geknetet, bis er eine weiche Konsistenz erreicht, dann wird er ausgebreitet und in kleine Stücke geschnitten, jedes mit einem kleinen Loch in der Mitte. Schliesslich werden diese in Rinds-, Schweins-, oder Schafsfett frittiert. *tortas fritas* gehören zum Ritual des *mate*-Trinkens, bei dem Anekdoten und Geschichten zum Vergnügen der versammelten Freunde erzählt werden.

Dulce de leche

Dulce de leche (Milchkonfitüre) ist ein typisch argentinisches Produkt. Es entsteht aus langsam aufgekochter Milch und Zucker mit einem Schuss Vanille.

Scheinbuche (*Nothofagus pumilio* – span. *lenga*)

Ein einheimischer Laubbaum der südlichen Gegenden der Anden. Er kann bis zu dreissig Meter hoch werden. Auf Feuerland wächst er bis an die Waldgrenze auf ungefähr 600-650 Meter über Meer. Im Herbst verfärben sich seine dunkelgrünen Blätter in gelben und rötlichen Tönen.

Viele Häuser auf Feuerland sind aus dem Holz der Scheinbuche gebaut, das eine sehr gute Qualität erreicht. Es wird auch für Möbel verwendet. Der grösste Teil des feuerländischen Waldes besteht aus Scheinbuchen.

Immergrüne Buche (*Nothofagus betuloides* – span. *guindo*)

Ein immergrüner Baum, der fünfundzwanzig Meter hoch werden kann. Er kommt ungefähr bis zu einer Höhe von fünfhundert Metern über Meer vor.

Sein Holz hat schöne Zeichnungen und ist rötlich, hart und schwer. Die Ureinwohner verwendeten lange Stücke der Rinde dieses Baums, um die Kanus zu bauen, mit denen sie durch den Beagle-Kanal fuhren.

Rotbuche (*Nothofagus antarctica* – span. *ñire*)

Ein einheimischer Laubbaum, der im Süden von Chile und Argentinien vorkommt. Mit einer Höhe von zehn bis fünfzehn Metern ist er der kleinste Laubbaum auf Feuerland.

Die Farbe seiner Blätter ist ähnlich wie jene der Scheinbuche und verfärbt sich im Herbst ebenfalls gelb und orange. Das harte Holz seines Stammes wurde oft von den Landarbeitern genutzt, um Zäune und Gatter zu bauen.

Winterrinde (*Drimys winteri* – span. *canelo*)

Ein immergrüner Baum, der eine Höhe von bis zu zwanzig Metern erreichen kann. Er wächst oft neben der Immergrünen Buche und kommt hauptsächlich entlang der Küste des Beagle-Kanals vor.

Seine Rinde ist grau, dick und weich und kann als Pfefferersatz verwendet werden. Im 18. Jahrhundert war die Winterrinde eine wichtige Vitamin C-Quelle für die Seefahrer und half bei der Heilung von Skorbut, einer in jener Zeit häufigen Krankheit.

Die Ureinwohner verwendeten das rote, schwere Holz, um Harpunen für die Seelöwenjagd zu bauen.

„Eines Tages

werden Kolumbus, Magellan, Cook, Franklyn und Livingstone, welche Welten entdeckten und beim Versuch, sie uns zu offenbaren, ums Leben kamen, aufgrund mangelnder Schauplätze keine noch so bescheidenen Nachahmer mehr finden und die grandiose und doch so kleine Erdkugel wird bis in ihre entlegensten Winkel bekannt sein. Dennoch sind jene, die den Spuren von Galileo, Voltaire und Humboldt folgen, unermüdlich. Sie vervollständigen die Erforschung der Welt; alles Existierende wird uns durch ihre Studien erklärt werden. Und es wird ein Tag kommen, an dem der menschliche Geist über allem thront, was je erschaffen wurde oder unvollendet blieb. Dann wir die Welt dem Menschen ein würdiges Podest sein."

Francisco Pascacio Moreno

1
Die Heldentat

Während der Reise sah Magellan
auf dem Land, das sich südlich des Kanals ausdehnte,
viele Lichter, die Tag und Nacht brannten,
und er nannte jene Region Feuerland.

ALBERTO M. DE AGOSTINI

Im Jahr 1998, zur Feier meines Schulabschlusses, habe ich mich entschieden, die Ferien mit zwei Freunden zu verbringen: Ruy und „der Dicke" Robert. Ich erinnere mich gut an diese Reise, da es das erste Mal war, da ich mir einen Rucksack auf die Schultern gepackt hatte und Patagonien durchqueren wollte. Von Bariloche nach Esquel... Per Anhalter, per Bus, während zwei Wochen. Dies war auch das erste Mal, dass ich den Fuss über die Grenzen des Flusses Colorado gesetzt habe, der den Beginn Patagoniens markiert.

Die Einzelheiten dieser Reise sind nicht relevant, sehr wohl aber die Bedeutung, die sie für mich hatte. Ich glaube daran, dass es im Leben Symbole gibt, Momente, Zeiträume, durch die man gebrannt wird, die einem das Schicksal ins Herz eingravieren.

Plötzlich traf ich auf Patagonien. Ich drang ein in dieses „Land der Riesen". Und ich glaube, dass in diesem Moment, mein Schicksal für immer definiert wurde. Ich begann, die Natur und ihren unverkennbaren Atem zu lieben, die Wälder, die Seen und die Berge, diese Skulpturen aus Stein, die mich auch heute noch immer wieder von Neuem überraschen.

Leider war ich noch jung und musste mein Studium beginnen. Aber ich war nicht bereit, zu resignieren und die Wunder Patagoniens zu vergessen. Vielleicht konnte ich physisch nicht weggehen, aber nichts würde mich daran hindern, in Gedanken zu reisen. Ich kaufte mir ein Buch, *Viaje a la Patagonia Austral* (Die Reise ins südliche Patagonien), von Francisco Pascacio Moreno. Diese Seiten zu lesen war wie durch den blauen Himmel zu fliegen, verschneite Gipfel zu überqueren, die rauen Winde zu spüren und mich immer mehr in dieses Gefühl von Ruhe und Einsamkeit zu verlieben, das sich beim Wort Patagonien in meine Seele und meine Haut eindringt.

Wenn ich irgendwann Vorbilder hatte, war der *perito* (wie ich ihn liebevoll nenne) sicher eines von ihnen. Ohne ihn wäre die Landkarte Argentiniens nicht die, die sie heute ist. Die Grenzen würden anders verlaufen. Ohne seine Erforschungen, seine Berichte und seine Protestschreiben wäre die Geschichte Patagoniens heute nicht dieselbe. Nicht, dass das die zentralistischen Regierungen in Buenos Aires gestört hätte…

Über Moreno kam ich auf Musters, Cox und Piedrabuena, einen anderen grossen Verfechter der Souveränität Argentiniens. Leider ist es (zumindest in diesem Land) normal, dass jene, die sich für einen guten Grund einsetzen, so wie es Moreno und Piedrabuena getan haben, in ärmlichen Verhältnissen sterben und in Vergessenheit geraten. Man gedenkt ihnen gerade mal an ihrem Jahrestag, indem man mit Armeeschiffen und Kanonenfeuer eine Gedenktafel auf eine einsame Insel stellt, um danach wieder zu vergessen, dass wir heute nur dank ihnen da sind wo wir sind.

Während vier Jahren wohnte ich in Buenos Aires, aber das Leben, das ich in dieser Grossstadt führte, machte mich nicht glücklich. Kaum hatte ich mein Studium abgeschlossen, richtete ich den Blick nach Patagonien. Es verschlug mich ausgerechnet nach Ushuaia, ans „Ende der Welt“. Es war meine Einführung in das „Land des Rauches“ von Magellan, in das Land der Onas, Yamanas, Alakaluf und Haush.

Ich wusste schon einiges über die Geschichte Patagoniens, aber ich hatte noch wenig von jener Insel jenseits der Magellanstrasse gehört. Mit grossem Enthusiasmus las ich von den Seefahrern, die dem südlichen Atlantik die Stirn geboten hatten. Ich erfuhr, dass die Niederländer, die Spanier und sogar die Engländer die Umgebung dieser Gebiete ausgekundschaftet hatten. Ihre Holzschiffe, angetrieben von grossen Segeln, sahen aus wie Kathedralen, die von den gigantischen Wellen geschüttelt wurden.

Namen wie Shouten, Le Maire, Nodal, Elizalde, De Agostini und Fitz Roy wurden mir immer mehr zu einem Begriff.

Neugierig erkundete ich die Buchten, die kleinen Schlupfwinkel und das Relief der Insel Feuerland. Trotz ihrer Grösse gab es einen Teil, nur einen, der eine besondere Anziehungskraft auf mich ausübte: Die Halbinsel Mitre, dieses kleine Fleckchen Erde im Osten der Insel, umgeben vom Wasser des Atlantischen Ozeans und abgetrennt von der Staateninsel durch die gefürchtete Meerenge Le Maire.

Während vieler Stunden habe ich mich in Karten vertieft und betrachtete darin hunderte von markierten Schiffbrüchen entlang der Halbinsel, gekennzeichnet mit Skizzen von kleinen Schiffen und ihren dazugehörigen Namen. Meine Gedanken schweiften zwischen Erzählungen von Schiffbrüchigen, Abenteurern, Korsaren und gewagten Entdeckern. Geschichten über Machthunger, geheime Befehle, über europäische Mächte und Meutereien auf offener See gingen mir durch den Kopf, immer wenn sich mein Blick in der faszinierenden Kartographie Feuerlands verlor.

In jener Zeit begann ich mich über existierende Pfade und Wege zu informieren, die bis zu diesem Ort führen würden. Wie ich herausfinden konnte, hatten sich bis anhin sehr wenige Leute bis zu jenen Gegenden vorgewagt. Vielleicht war dies der Grund, weshalb sich die besagte Halbinsel in den folgenden drei Jahren für mich beinahe zu einer Besessenheit entwickelte. Ich stellte mir vor, durch diese völlig verlassenen Orte zu wandern, durch eine unberührte und wilde Natur, nur mit dem Pfeifen der Winde und der Kraft der Wellen in den Ohren. Ich hatte ein romantisches Bild dieser Gegend entwickelt, das nicht so einfach zu vergessen war.

Monate wurden zu Jahren und zogen vorbei wie die Seiten eines Buches, und während dieser ganzen Zeit gewann ich zunehmend an Erfahrung in Trekking- und Camping-Aktivitäten. Die Natur und die traumhaften Landschaften der Grossen Insel des

Feuerlands haben mich Schritt für Schritt eingenommen. Ich studierte immer noch gerne die Karte der Insel, nun aber nicht mehr mit den Augen eines Romantikers oder eines Träumers, sondern mit dem scharfsinnigen Blick eines Beobachters, eines Analytikers, der reale Möglichkeiten abwägt. Es würde schwierig sein, bis dahin zu gelangen; ich wusste, dass das eine intensive physische, aber vor allem auch mentale Vorbereitung verlangen würde.

Eines Tages, im Oktober 2004, ich befand mich auf einem Abstieg vom *Cerro del Medio*, einem Hügel nahe der Stadt Ushuaia, traf ich per Zufall auf einen Freund, Juan Manuel Ronco. Wir betrachteten so die Stadt von oben, und wie es manchmal im Leben geschieht, haben wir in diesem Moment den unerklärlichen Entscheid gefasst, eine Wanderung zum südöstlichsten Punkt der Insel zu planen. Ja, zu jener Halbinsel, die auf uns beide eine einzigartige und unerklärliche Anziehungskraft ausübte. Wir einigten uns auf ein Datum für die Abreise, das wir auf den 1. Mai des kommenden Jahres festgelegt haben. Nach so langer Zeit des Träumens würde sich endlich die Möglichkeit erfüllen, das Mysterium jener Gegenden kennen zu lernen und am eigenen Leib zu erfahren. Wir entschieden uns, noch jemanden einzuladen, sozusagen einen „dritten Musketier".

Einige Tage später berichtete mir Juan, er hätte das dritte Mitglied für die bevorstehende Expedition gefunden: Leonardo Fernández, den ich bis zu jenem Zeitpunkt noch nie gesehen hatte.

2 Die Vorbereitungen

... nur auf Feuerland
habe ich die tiefen Emotionen gespürt,
die die Seele des Reisenden wecken,
die grossen Schauspiele der Natur.

Ramón Lista

Die Idee wurde also zur Tatsache; unsere Reise zur Halbinsel Mitre war bereits ein Plan, der bald umgesetzt werden würde. Es blieben uns nur noch sechs Monate, um alle Vorbereitungen für die Expedition zu treffen.

Zu Beginn waren wir sehr unsicher und zogen verschiedene Möglichkeiten in Betracht, wobei uns viel Zeit verloren ging. Später aber, dank Angaben von einigen, die die Gegend schon kannten[1], haben wir unsere Route nach und nach genauer definieren können. Zu dritt haben wir die Strecke der Expedition festgelegt: Das Ziel war, die Stadt Ushuaia mit dem Estancia[2] María Luisa zu verbinden, entlang der Küste des Beagle-Kanals und des Atlantischen Ozeans. Wir rechneten damit, dass ein Projekt über eine solche Distanz zwischen 35 und 40 Tagen dauern würde. Keiner von uns hatte zuvor eine Wanderung in diesem Ausmass realisiert, weswegen die Organisation keine einfache

---

1. Während den Monaten vor der Expedition haben wir uns damit beschäftigt, empirische Informationen über jene zusammen zu suchen, die schon auf der Halbinsel gewesen waren. Personen wie Sergio Anselmino, Beto Brizuela und Adolfo Imbert haben uns dabei mit detaillierten Erzählungen über ihre persönlichen Erfahrungen auf Mitre ausserordentlich geholfen.
2. *Estancia* ist das spanische Wort für Farm oder Landgut, auf dem eine stationäre, extensive Weidewirtschaft vor allem mit Mastrindern, Schafen oder Milchkühen betrieben wird. Estancias sind in vielen Ländern Südamerikas verbreitet, vor allem aber in Argentinien und Chile.

Aufgabe werden würde. Wir haben Stunden, Tage, ja sogar ganze Nächte damit verbracht, Alternativen abzuwägen und die besten Lösungen bezüglich Ausrüstung, Nahrungsmittel und Kleidung zu finden.

Dank der Argentinischen Marine konnten wir an Bord des Schiffs *Alférez Sobral* zwei Kisten mit Lebensmitteln zum Posten Buen Suceso schicken. Diese grosszügige Unterstützung der Streitkraft ermöglichte es uns, das Gewicht unserer Rucksäcke erheblich zu reduzieren, da ein grosser Teil der Nahrungsmittel mit diesem Schiff reisen würde; den Rest würden wir selbst tragen müssen.

Die Organisation war schon ziemlich fortgeschritten, es fehlte aber noch ein Symbol, etwas, was uns als Gruppe und als Expedition identifizieren würde. Wir einigten uns auf den Namen „Nomaden von Mitre". So wie es die Yamanas über Jahrtausende gemacht hatten, würden auch wir uns langsam immer weiter über das wechselnde Gelände fortbewegen, ganz im Stil von Nomaden.

Wir wollten nicht, dass unsere Erfahrung auf der Reise im Nachhinein als persönlicher Ruhm dargestellt werden würde. Deshalb nahmen wir uns neben der eigentlichen Wanderung noch eine zweite Mission vor: Wir wollten *Nomaden von Mitre* in ein grösseres Projekt verwandeln, das zudem noch eine erzieherische Funktion beinhalten sollte. Warum sollten wir all die Erlebnisse und die Informationen, die wir über diesen Ort sammeln würden, für uns behalten, wenn wir sie auch mit anderen Menschen teilen konnten? Wir waren uns einig, dass wir die Erfahrungen unserer Reise an Jugendliche weitergeben wollten.

In einer zweiten Etappe des Projekts würden wir uns also dafür einsetzen, die Geografie, die Geschichte und die auf der Halbinsel vorhandene Flora und Fauna in den Schulen von Ushuaia zu vermitteln, gespickt mit den Themen der Abenteuer unserer eigentlichen Expedition. Am Ende wollten wir bei den jungen Menschen ein Bewusstsein im Bezug auf den Schutz der Umwelt erzeugen und sie zu Aktivitäten im Freien und zu einem respektvollen Umgang mit der Natur anregen. Auf diese Weise wollten wir versuchen, sie von den Gefahren und Unsicherheiten wegzubringen, denen sie in ihrem städtischen Leben oft ausgesetzt sind.

Wir haben unser Projekt offiziell gemacht und so die Unterstützung einiger privater Firmen und Institutionen der Regierung erhalten. Sie ermöglichten uns, mehr und qualitativ bessere Ausrüstung zu besorgen und alle für die Expedition notwendigen Lebensmittel zu beschaffen.

Die letzten Tage vor der Abreise waren ziemlich kritisch. Es schien, als ob unser eigener Turm von Babel, den wir uns da aufgebaut hatten, über lockerem und schlammigem Boden zusammenbrechen würde. Ich fühlte mich in einem schwebenden Zustand zwischen Nervosität und Unruhe, voller Erwartungen und gleichzeitig auch Ängsten. Aber es gab kein Zurück mehr; die Karten waren ausgeteilt und es war an uns, das Spiel zu beginnen.

3

Das Abenteuer beginnt

Von Ushuaia nach Moat

Die Reise von tausend Meilen
beginnt mit dem ersten Schritt.

Lao Tse

TAG 1 Nicht alle Leute standen unserem Vorhaben wohlgesinnt gegenüber. Viele, darunter auch einige unserer Kollegen, versuchten, uns von unserem Abenteuer abzuhalten. „Verrückt“, „krank“ oder „phantasierend“ waren nur einige der Ausdrücke, mit denen sie uns bezeichneten. Sie konnten nicht verstehen, wie wir auf diese unsinnige Idee kamen, während mehr als 30 Tagen und über hunderte von Kilometern in völliger Einsamkeit wandern zu wollen.

Wir wussten, dass der Mai nicht unbedingt die beste Zeit dafür war, eine Wanderung von solcher Dimension umzusetzen, aber es war der einzige Zeitpunkt, an dem es für uns alle möglich war. Wir waren uns von Anfang an bewusst, dass es ein kalter Monat mit kurzen Tagen werden würde, aber diese Nachteile hatten wir seit Beginn des Projektes miteinbezogen. Wir würden keine bösen Überraschungen erleben; von Anfang an rechneten wir mit dem Schlimmsten.

Schliesslich, am 1. Mai des Jahres 2005, begaben wir uns auf die Reise, die wir über sechs Monate geplant hatten. Der Ausgangspunkt der Expedition war der Leuchtturm Escarpados am Ende der Landstrasse 30, wenige Kilometer von der Stadt Ushuaia entfernt.

Wir waren zufrieden, schossen Fotos, und debütierten in der Filmkunst: Zusätzlich zu unserer Fotoausrüstung hatten wir auch eine Videokamera dabei, um unsere Reise noch genauer zu dokumentieren.

Wir gingen langsam den Pfad entlang, der zur Estancia Túnel führte. Es war ein wunderschöner Tag, die Sonne leuchtete am wolkenlosen Himmel. Unsere Rucksäcke waren sehr schwer, jeder von uns trug ungefähr fünfunddreissig Kilogramm. Der Weg hier ist gut markiert und führt über eine Abfolge von sanften Hügeln, die in den Eiszeiten geformt wurden[1]. Diese Gegend ist reich an Scheinbuchen (*Nothofagus pumilio*), man findet jedoch auch Rotbuchen (*Nothofagus antarctica*), Feuerbüsche (*Embothrium coccineum*) und Winterrinden (*Drimys winteri*) vor.

Es dauerte ungefähr eine Stunde, bis wir zur Estancia gelangten. Wir machten aber keinen Halt, da wir den Ort alle schon kannten. Es war der Standpunkt des ersten Sägewerks an der Küste des Beagle-Kanals[2], welches durch die Fabrikation vieler Tonnen (spanisch *toneles*) Holz an Ansehen gewonnen hatte. Diese Tonnen waren es wahrscheinlich, die den ländlichen Einrichtungen ihren Namen gegeben haben. Die Erklärung dazu findet sich in einem Wortspiel und der Phonetik des Terminus: Der spanische Ausdruck *tonel* gleicht in der Schrift und der Aussprache dem heutigen Namen der Estancia: Túnel (Tunnel). Auf irgendeine Art und Weise, ich kenne die genauen Gründe nicht, hat sich das ursprüngliche Wort verändert und zu „Túnel" entwickelt. Hinter einem verlassenen *rancho* (Schuppen) ruhen alte Maschinen, ein grosses Rad und ein Dampfkessel, Zeugen des einstigen Glanzes des Sägewerks.

---

1. Man vermutet, dass während dem Pleistozän (vor 100000 bis 20000 Jahren) die ganze Fläche der Grossen Insel von Feuerland von Gletschern bedeckt war. In jeder Eiszeit vergrösserte sich die Eismasse, während sich in den so genannten Zwischeneiszeiten ein Rückgang einstellte und Spuren der Gletscheraktivität zurückliess.

2. Der Beagle-Kanal wurde von den Yamanas ursprünglich „Onachaga" genannt, was so viel heisst wie „Kanal der Ona" Die heutige Bezeichnung hängt mit dem Namen des Schiffes seines Entdeckers zusammen, Robert Fitz Roy. Er war Teil des grössten Kartierungsprojekts in der Geschichte Feuerlands und der patagonischen Küsten, angeordnet durch die britische Krone zwischen 1826 und 1836. In diesem Prozess vollzog sich die Namensgebung für viele der Inseln und Hügel des feuerländischen Archipels, wie Navarino, Picton und Lennox, der Murray-Kanal oder die Felseninseln Woodcock und Snipe, etc.

Es ist auch zu erwähnen, dass hier die ältesten Vorkommen der Yamanas gefunden wurden, der Ureinwohner, die diese Gegend bewohnt haben. Sie stammen aus einer Zeit vor 6500 Jahren und es sind verschiedene Elemente ihrer Kultur erhalten geblieben, wie zum Beispiel Schaber oder Pfeil- und Harpunenspitzen, die einige Aufschlüsse über die Evolution dieser ethnischen Gruppe geliefert haben.

Wir liessen die Estancia hinter uns und kamen nach einer weiteren Stunde Fussmarsch zum Ufer des Flusses Encajonado. Eigentlich ist es eher ein Bach, wenn ich ihn mit den Gewässern vergleiche, die wir Tage später zu überqueren hatten. Er war auch der einzige, bei dem wir uns vor dem Durchwaten noch die Schuhe, die Socken und die Hosen ausgezogen hatten. Dafür gibt es eine einfache Erklärung: Tagsüber wanderten wir in einem überaus feuchten und schlammigen Gelände voller Torfmoore[3], in welchen wir manchmal bis zu den Knien eingesunken sind. Wir sahen also keinen Sinn darin, uns vor dem Überqueren der Flüsse auszuziehen, wenn wir doch schon vorher ziemlich durchnässt daherkamen. Das Gefühl, das ich beim Kontakt mit dem eisigen Wasser hatte, lässt sich mit dem Schmerz von Millionen von Nadelstichen vergleichen, die gleichzeitig auf meine Beine einwirkten.

Am Mittag machten wir Rast, um etwas zu essen. Wir bereiteten uns Häppchen mit Käse, Schinken und Keksen zu. Leider hatten wir nicht allzu viel Zeit zu verschwenden: Wir mussten relativ schnell wieder aufbrechen, da unsere Körper langsam zu frieren begannen.

Wir brauchten noch fast drei Stunden bis zur Estancia Punta Segunda. Es war niemand vorzufinden, obwohl es Anzeichen

---

3. Torfmoore (spanisch *turbales*) sind alte Lagunen, die vom Gletscher geformt worden sind und in deren Bett sich nach dem Rückgang des Eises Ton abgelagert hat. Sie wurden ganz oder teilweise meist mit organischem Sediment, manchmal auch mit anorganischem Material aufgefüllt. Durch den hohen Säuregehalt, die konstante Sättigung des Wassers und die tiefen Temperaturen war die Bakterienaktivität in den Lagunen aufs Geringste reduziert, was dazu führte, dass das abgestorbene Moos nie ganz verwitterte und sich auf dem Grund und am Rand abgelagert hat. Mit der Zeit hat sich die Lagune ganz aufgefüllt. Man geht davon aus, dass mehr als 90% des Torfmoors aus Wasser besteht.

dafür gab, dass der Ort bewohnt war: Hunde, ein Vierräder in perfektem Zustand und einige Pferde. In einem grossen Holzschuppen brachten wir unsere Sachen unter und begannen, ein Feuer zu entfachen. Es dauerte einen Moment, aber schliesslich haben wir es geschafft. Ich war es, der sein Debüt in der kulinarischen Kunst gab: Ich beglückte meine Gefährten mit Nudeln und einer Käsesuppe. Zum Nachtisch kam der *mate* und mit ihm die Gespräche und Überlegungen zum Tagesmarsch. In jener Nacht haben wir vor allem darüber gesprochen, was die Reise, die wir an jenem Morgen angetreten hatten, für uns bedeuten würde. Wir wussten alle, dass sie lang werden würde, aber wir hatten Vertrauen darin, dass wir sie bewältigen konnten. Juan kannte ich schon seit einiger Zeit, Leo seit Beginn der Vorbereitungen für die Expedition. Aber erst von diesem Moment an würden wir uns wirklich gegenseitig entdecken, ohne Masken, die unsere wahren Gesichter verstecken könnten. Alle hatten wir eine offene Rechnung mit der Halbinsel Mitre. Wir wollten jeden ihrer Winkel und jede ihrer Geschichte erforschen. Aber was wir uns noch nicht vorstellen konnten, war, dass wir auf unserer Wanderung viel mehr als nur eine schöne Landschaft kennen lernen würden: Dieses Abenteuer würde auch eine Reise zu uns selbst werden und uns, fast unmerklich, all das aufzeigen, was wir bisher noch nicht über uns wussten.

Um Mitternacht legten wir uns schlafen, unter einem prachtvollen Sternenhimmel.

TAG 2 Die Schlafsäcke haben gute Arbeit geleistet. Es war mir über Nacht nicht kalt gewesen und ich hatte so die nötige Erholung gefunden. Um halb acht sind wir aufgestanden, nicht mit dem Zwitschern der Vögel, sondern mit dem künstlichen und monotonen Lärm meines Weckers.

Ich kochte Wasser auf und wir bereiteten das Frühstück zu, das aus einer Mischung aus Getreide, Dörrfrüchten, Schokolade und Milch in Pulver bestand; wir beschlossen, diese Mischung fortan den „Produktemix" zu nennen.

Der Morgen war kalt, und einige Wasserpfützen deuteten darauf hin, dass es über Nacht gereift hatte. Zum Glück meinte es Petrus gut mit uns; die Sonne strahlte und erwärmte so ein bisschen die Atmosphäre.

Die Landschaft zwischen Punta Segunda und der Estancia Remolinos ist vielleicht eine der schönsten, die ich je gesehen habe. Ausgedehnte grüne Weiden, sanfte Hügel und das Wasser des Kanals, eine einfache, schöne Landschaft, ohne markante Merkmale, nichts mehr als das Nötigste, um dieses Bild unvergesslich zu machen. Wir waren guten Mutes, was uns schnell und entschieden vorwärts kommen liess. Gleichzeitig war dieser Ort aber so unglaublich, dass es fast unumgänglich war, immer wieder anzuhalten, um Fotos zu machen und die Schönheit der Natur zu bestaunen. Bevor wir zum Haupthaus der Estancia kamen, verweilten wir einen Moment mit dem *mate* und assen ein bisschen Salami, und dieses Mal kam auch noch ein bisschen Schokolade als Nachtisch hinzu.

Wir folgten einer Art natürlichen Strasse, die über die Zeit von den zahmen Kuhherden geschaffen worden war, die diese Wiesen beweiden. Und da sahen wir sie auch schon, hunderte von Kühen, sicherlich gestört durch die unerwartete und nicht unbedingt willkommene Invasion von drei farbenfrohen Wesen wie wir.

Die Estancia Remolinos (was soviel heisst wie „Wirbel", „Strudel") hat eine grosse Bedeutung für die Geschichte Feuerlands, da sie einem der Pioniere gehörte, die bis ans Ende der Welt vorgestossen waren: John Lawrence. Er hatte sich zusammen mit seiner Frau, Clara Lawrence, im Jahr 1873 in Ushuaia niedergelassen. Das Ehepaar gehörte zu den ersten weissen Siedlern auf der Insel. Sowohl er als auch seine Frau wurden von

Thomas Brigdes[4] dazu auserwählt, an der Anglikanischen Mission teilzunehmen. Bevor sie sich in Ushuaia ansiedelten, hatten sich die Lawrence's den Evangelisierungsaufgaben in einer Missionsstation auf den Islas Malvinas (auch bekannt als Falklandinseln) gewidmet, auf einer Felseninsel namens Keppel. In Ushuaia angekommen, begann John Lawrence, als Lehrer zu arbeiten. Nach fünfundzwanzig Jahren ununterbrochener Arbeit in der Mission, erhielt er als Anerkennung für sein humanitäres Werk von Präsident Roca das Nutzungsrecht für die Estancia Remolinos. Am 30. Januar des gleichen Jahres, 1898, kam seine Frau ums Leben und er entschloss sich, ganz auf die Estancia zu ziehen; durch das stetige Schwinden der Urvölker sah er keine Zukunft in der Missionarstätigkeit. John Lawrence blieb bis zu seinem Tod im Alter von 89 Jahren auf der Estancia wohnhaft.

Gegenüber der Siedlung ruht unbewegt das Wrack des Monte Sarmiento. Um 1911, während einer Transportfahrt für Waren und Passagiere, ist dieses Schiff mit einem Felsen zusammen gestossen. Glücklicherweise hat der Kapitän auf eine ganz logische Art und Weise reagiert und die Fracht möglichst nah an die Küste gebracht, um sie dort ganz stranden zu lassen. Gott sei Dank hat der Schiffbruch keine Opfer gefordert. Heute gehört die besagte Estancia der Argentinischen Marine. Sie benutzt sie zu Übungs- und Ausbildungszwecken.

Von hier aus gibt es einen Weg, der bis zu Puerto Almanza führt. Es besteht ein Projekt, ihn mit der Landstrasse 30 zu verbinden (jene, die zum Leuchtturm Escarpados führt, wie anfangs der Expedition beschrieben). Ich zweifle nicht daran, dass dies eine weitere Initiative ist, mit der man die Landschaften der Welt aufs Gröbste zerstören wird.

Am Wegrand erschienen nun vermehrt einige Häuser, wir näherten uns Puerto Almanza. In den letzten Jahren haben sich hier viele

---

4. Thomas Bridges (1842-1898) war anglikanischer Missionär, Sprachwissenschaftler und Grossgrundbesitzer. Bekannt ist er vor allem wegen seiner Missionierungstätigkeit unter den aussterbenden Indianerstämmen auf Feuerland, als Autor eines umfassenden Wörterbuchs zur Sprache der Yamana und als Gründer der ersten Schaffarm am Beagle-Kanal, der Estancia Harberton. Ich werde später noch genauer auf ihn eingehen.

Leute niedergelassen, um kleine Geschäfte zu gründen, zum Beispiel für die Miesmuschelernte oder den Königskrabbenfang. Erst kürzlich wurde ein Stromanschluss gelegt, der die Ansiedlung von Menschen fördern soll.

Am anderen Ufer des Kanals, auf der Insel Navarino, war schon die Militärbasis Puerto Williams zu sehen. Dessen Bevölkerung, rund zweitausend Personen, steht mehrheitlich in direktem Zusammenhang mit der Streitkraft, es gibt aber auch einige Bewohner, die vom Fischfang leben.

Ich muss zugeben, dass ich grosse Schmerzen in den Schultern hatte. Ich fühlte einen konstanten Druck, der mich sowohl körperlich als auch mental schwächte. Auch meine Gefährten trugen sehr viel Gewicht, vor allem Leo, der den grössten Rucksack hatte. Es dunkelte allmählich ein, und es fehlten immer noch acht Kilometer bis Puerto Almanza. Ausserdem wussten wir alle, dass dieser Weg leider auch noch aufwärts ging.

Kurz bevor wir die letzten Kilometer in Angriff nahmen, das letzte Wegstück, das uns zu dem ersehnten Unterschlupf führen würde, tauchte vor uns ein Mann mit einem kleinen Lastwagen auf und bot an, uns am nächsten Tag bis zu dem erwähntem Hafen mitzunehmen. Wir verbrachten die Nacht im Zelt, das wir in der Nähe seines Hauses errichteten, nicht weit von der Stelle, wo wir ihn getroffen hatten. Ich kann mich weder an sein Gesicht noch an seinen Namen erinnern, sehr wohl aber an die letzten Worte, die er zu uns sagte: „Wagt es ja nicht, auch nur einen einzigen Fetzen Papier wegzuwerfen, ich bin alt und mürrisch!“ Natürlich wäre es uns nie in den Sinn gekommen, etwas liegen zu lassen. Aber es ist gut, dass es auf der Welt Leute gibt, die sich um den Schutz und das Erhalten jedes noch so kleinen Fleckchens Erde kümmern.

Zum ersten Mal stellten wir also unser Zelt auf. Sofort verstauten wir unser Gepäck unter der Apsis[5], um es vor dem schwachen aber andauernden Nieselregen zu schützen, der sich eingestellt

---

5. Eine Apsis ist eine Verlängerung des Zeltes, die zwar keinen Boden hat, aber noch überdacht ist. Dieser Teil wird dafür verwendet, das Gepäck unterzustellen, zu kochen oder Dinge zu verstauen, die man während der Nacht nicht braucht.

hatte. Als wir endlich unter dem Zeltdach und in den Schlafsäcken waren, assen wir eine Suppe. Danach verblieben wir noch einen Moment bei Gesprächen und nahmen unsere Anmerkungen auf Video auf. Jeder erzählte der Kamera, als wäre diese ein unsichtbarer Reporter, wie er den Tag erlebt hatte. In einem Punkt waren wir uns alle einig: Wir hatten zu viel Gepäck dabei; am nächsten Tag würden wir Nahrungsmittel und andere unnötige Sachen in Puerto Almanza lassen.

TAG 3 Wir hatten das grosszügige Angebot des Bekannten von letzter Nacht angenommen, was bedeutete, dass wir um fünf Uhr morgens aufstehen mussten, da er uns um Punkt sieben abholen wollte (und er hatte uns schon vor seiner Pünktlichkeit gewarnt). Wie dem auch sei, ich glaube, dass das laute Knattern seines Lasters sowieso jedes Lebewesen in der näheren Umgebung aufgeweckt hat.

Wir stiegen auf und schon waren wir auf dem Weg. Die letzten acht Kilometer bis nach Puerto Almanza waren sehr exponiert und es herrschte eine durchdringende Kälte. Wenn wir die Strecke (es ging immer aufwärts) am Vorabend noch zu Fuss zurückgelegt hätten, hätten wir sicherlich noch den einen oder anderen Fluch ausgestossen. Umso mehr wenn man bedenkt, wie müde wir waren bevor wir unser Zelt aufgestellt hatten.

Nach zwanzig Minuten erreichten wir unser Ziel. Wir hatten schon beschlossen, dass wir Gewicht hier lassen würden. Dazu hatten wir zwei Möglichkeiten: entweder die Einheit der Marine oder die der Küstenwache. Wir entschieden uns für letztere. Wir hatten den Entscheid also schon gefasst, nun mussten wir nur noch an die Tür klopfen und die Leute, die dort wohnten, unverhofft aus dem Schlaf reissen. Ein Herr bat uns sofort herein, ohne die kleinsten Anzeichen von Ärger oder Unannehmlichkeit, wohl aber mit einem leichten Ausdruck der Verwunderung. Wir erklärten ihm den Grund für unseren Besuch, und sofort lud uns Juan Franco, unser Gastgeber, zu einem *mate* ein. Als er zudem noch ein Tablett voll *tortas fritas* brachte, tauschten Juan und ich einen viel sagenden Blick aus, da wir während unserer Wanderung noch darüber gesprochen hatten, dass diese Art Imbiss sehr typisch für die Einheiten war.

Bevor wir uns zurückzogen, öffneten wir unser Gepäck und begannen, jede Menge Nahrungsmittel zurückzulassen. Wir rechneten damit, dass an den verschiedenen Posten, die wir aufsuchen würden, mehr Essen vorhanden sein würde. Ich verzichtete auf meine Angelrute und eine Schachtel mit Ködern und Loten, auf ein Buch (*Über Helden und Gräber* von Ernesto Sábato) und ein Messer, das etwa ein Kilo wog und über das sich Leo und Juan lustig gemacht hatten.

Von dieser Episode habe ich gelernt, dass man nur das Allernötigste mittragen sollte: Jedes zusätzliche Element wird zu unnötigem und auf die Dauer schmerzvollem Gewicht.

Wir packten die überflüssigen Sachen und Lebensmittel in eine Schachtel, die wir Juan Franco übergaben und bei unserer Ankunft in Ushuaia abholen würden. Dann machten wir uns bereit zum Aufbruch, bedankten uns bei unserem Gastgeber und einem weiteren Burschen, der in der Zwischenzeit dazu gestossen war, und machten uns auf den Weg.

An diesem Tag hatten wir ungefähr zwanzig Kilometer entlang der Landstrasse J zurückzulegen, um zur Estancia Harberton zu kommen. Diesmal war es schon fast eine Erholung, die Rucksäcke zu tragen. Sie wogen bedeutend weniger und schienen sich in gewisser Weise mehr an unseren Rücken anzupassen. Wir fühlten uns, als ob wir fliegen würden.

Einer Strasse entlang zu wandern kann vielleicht etwas entmutigend wirken. Wenn man es aber mit der Ruhe nimmt, kann es sogar zu einer entspannenden Erfahrung werden. Für mich war dieser Teil der Reise wie eine Art Prolog zu dem, was danach kommen würde. Auch wenn wir noch nicht mit schwierigen Hindernissen zu kämpfen hatten und nur geradeaus bis zum Ende der Strasse gelangen mussten, gewöhnten wir uns auf dieser Strecke, die nicht gerade kurz war (um die hundert Kilometer), doch daran, während vieler Stunden mit Gewicht auf dem Rücken zu marschieren.

Nach fünf Stunden kamen wir endlich bei der Estancia Harberton an. Hier muss ich einen Moment innehalten um zu erwähnen, dass dies die erste Estancia der Grossen Insel von Feuerland war, gegründet um Ende des 19. Jahrhunderts durch Thomas Bridges, einen englischen Missionär des Anglikanischen Ordens. Als Anerkennung für seine evangelisierende Tätigkeit bei den Yamanas hat ihm der damalige Präsident Argentiniens, Julio Argentino Roca, 20'000 Hektaren Land zugesprochen. Dieses ausgedehnte Territorium umfasst Berge, Seen und Buchten im Beagle-Kanal. Die Siedlung hatte einst eine grosse Bedeutung für die Entwicklung der Schafzucht, heute wird sie jedoch nur noch touristisch genutzt[6].

---

6. Die Estancia Harberton wurde per Dekret Nummer 64 im Jahr 1999 zum Nationalhistorischen Monument erklärt.

Der Schauplatz ist einfach wunderschön. Grüne Hügel, einige Häuser und Schuppen, die die gleiche bauliche und ästhetische Linie verfolgen: Zinkbauten, die aussen weiss gestrichen sind, rote Dächer, grüne Türen und Fensterrahmen.

Heute lebt hier der Urenkel des englischen Missionärs, Thomas Goodall, zusammen mit seiner Frau, Natalie Rae Procer, einer nordamerikanischen Biologin. Ich traf „Tommy", den ich schon von früher kannte, und nachdem wir ihm von unseren Plänen erzählt hatten, unermüdlich bis zur Halbinsel zu wandern, bot er uns an, die Nacht unter dem Dacht des Schurhauses zu verbringen.

Etwas später tranken Leo, Juan und ich *mate* und beobachteten, wie sich die Farben des Tages in die Töne der Nacht verwandelten. Wenig später kam Juan Carlos, der Vorarbeiter der Estancia, hinzu und bot uns freundlicherweise an, die *mateada* im Haus, bei ihm und seiner Frau, weiterzuführen. Ein solches Angebot konnten wir natürlich nicht ablehnen. Wie gut haben wir uns da drinnen gefühlt! Es war aufmunternd, das Holz in der Feuerstelle knistern zu hören. Dieses einzigartige Geräusch gab der ganzen Szene eine spezielle, familiäre Stimmung. Den Ort insgesamt betrachtend, konnte man unverkennbar feststellen, dass sich auf jenem Gelände eine Atmosphäre geschaffen hatte, in der jedes Objekt und jede Person schon seit langer Zeit seinen Platz zu haben schien, eine Atmosphäre, in der alles einzigartig freundlich wirkte.

Kurz darauf kam Ramona, die Frau von Juan Carlos und Leiterin der Küche der Estancia. Wir waren sofort vertraut mit den beiden und erzählten ihnen unsere Geschichte. Auch sie berichteten von ihrem Leben und wie sie nach vielen anderen Beschäftigungen, die aber immer mit dem ländlichen Leben zu tun gehabt hatten, schliesslich auf die Estancia gekommen waren. Beide waren äusserst liebenswürdig und hatten einen besonderen Sinn für Humor.

Ramona überraschte uns mit Pizza und Nudeln mit Fleisch. Leo, Juan und ich assen mit grossem Appetit, nicht nur weil wir hungrig waren, sondern auch weil alle Speisen wunderbar schmeckten. Wir steuerten etwas Schokolade für die Nachspeise bei.

Es war an diesem Ort, wo wir begannen, die Werte der Landbevölkerung kennen zu lernen und am eigenen Leib zu erfahren. Obwohl sie nicht sehr wohlhabend sind (es versteht sich, dass ich hier nicht von Grossgrundbesitzern spreche), sind sie so grosszügig, dass sie einem alles anbieten, was in ihren Möglichkeiten steht. Sie kümmern sich weder um Nationalität, noch um Alter oder politische Zugehörigkeit. Sie sind einfache und bescheidene Leute, die immer versucht sind, dem Nächsten zu helfen, eine Eigenschaft, die bei den Menschen in den grossen Städten schwierig zu finden ist. Ihre Lebensweise, ihre Gewohnheiten und ihre Grosszügigkeit sind wirklich bewundernswert. Ich wünschte, ich würde öfters solche Leute antreffen.

In jener Nacht hat uns Juan Carlos etwas geschenkt, was für den Rest der Expedition lebenswichtig sein würde: eine Art Zündhölzer, um Feuer zu entfachen. Er erklärte uns, dass er sie selbst herstellt, indem er kleine Stücke von porösem Holz über einige Tage in gebranntes Öl einlegt. Wer auch immer ein Feuer zu machen hatte, mit diesem Hilfsmittel würde sich diese Arbeit in höchstem Masse vereinfachen.

Bevor wir uns schlafen legten, las uns Juan ein paar Stellen aus dem *Martín Fierro*[7] vor. Dieses Buch hatte er mitgenommen, um uns an den abendlichen Lagerfeuern ein bisschen zu unterhalten.

---

7. *Der Gaucho Martín Fierro* von José Hernández, 1872. (Anm. d. Übers.).

TAG 4 Wir nutzten das goldene Morgenlicht, um ein paar Fotos des Schurhauses zu machen. Danach verabschiedeten wir uns von Juan Carlos und Ramona und es begann ein neuer Tag für uns. Während des ersten Streckenabschnitts gingen wir der Bucht Cambaceres entlang. In ihrer näheren Umgebung haben die Söhne von Thomas Bridges mit Hilfe vieler junger Yamanas über lange Zeit Viehzucht betrieben. Wenn wir aber die historischen Fakten für einen Moment beiseite lassen und auf eine persönlichere Ebene kommen, muss ich sagen, dass ich diese Landschaft einzigartig schön fand.

Während der Nacht hatte sich Frost angesetzt, weshalb der Boden schön hart war und ein schnelles Vorwärtskommen ermöglichte. Das Wichtigste für diesen Tag war, die Grenzen der Estancia Harberton hinter uns zu lassen und auf das Gebiet der Estancia Moat zu kommen. Diese ist heute im Besitz der Familie Lawrence. Keiner von uns hatte zuvor die Schwelle zwischen diesen zwei Estancias überquert, was bedeutete, dass wir in ein neues und unbekanntes Universum eintreten würden.

Von dieser Stelle an beginnt sich die Vegetation fast radikal zu verändern. Es gibt praktisch keine Schein- und Rotbuchen mehr, die Mehrheit des Waldes sind Immergrüne Buchen und Winterrinden. Durch seine grosse Baumdichte und –dicke gleicht er ziemlich stark einem Urwald. Rodolfo Iturriaspe erklärt dies folgendermassen:

„Auf der Höhe der Halbinsel Mitre zeigt sich die Gebirgskette in Ausläufern geringer Höhe, ohne sich an die geographische Grenze anzupassen, die sich im Westen Feuerlands herausbildet. Diese Besonderheit führt, zusammen mit dem Fehlen von geographischen Hindernissen auf den Inseln Hoste und Navarino, dazu, dass der Ort verstärkt einem Südwestwind ausgesetzt ist. Daher herrschen hier ozeanischeren Bedingungen als sie im Beagle Kanal zwischen Harberton und Ushuaia auftreten. Es gibt eine höhere relative Feuchtigkeit und es treten mehr Niederschläge auf… Darauf lässt die grosse Entwicklung von Torfmooren und das Vorkommen einer Flora und Fauna, die in westlicheren Sektoren nicht sehr häufig ist, schliessen… Die Niederschläge, ausgelöst durch die Verschiebung der Fronten aus den

polaren Breiten des südlichen Pazifiks, sind ohne eine Trockenzeit über das ganze Jahr verteilt[8]. "

Wir folgten weiter der Route J, und von hier aus konnten wir auf der gegenüberliegenden Seite des Beagle Kanals die Inseln Picton, Lennox und Nueva sehen. Aufgrund eines Problems der Grenzsetzung zwischen Argentinien und Chile entstand im Jahr 1980 ein Konflikt um diese Inseln. Dieser hatte mit der Linie zu tun, die die Gebiete der zwei Nationen teilen sollte. Es gab viele Vermittlungsversuche, um das Schicksal dieser „drei Felsblöcke" zu bestimmen, wie sie ein kluger argentinischer Präsident einst genannt hatte. Letzten Endes kam man zu dem Schluss, dass die drei besagten Inseln definitiv zur Republik Chile gehören sollten. Und obwohl die Beziehungen zwischen den beiden Ländern in bestimmten Momenten sehr angespannt waren, wurde es zum Glück nie nötig, einen bewaffneten Konflikt zu führen.

Diesen Nachmittag haben wir uns im Stillen von einer guten Freundin verabschiedet: Der Insel Navarino. Wir liessen ihre weit reichende Silhouette, die uns seit Beginn der Reise begleitet hatte, hinter uns.

Wir campierten in der Nähe eines kleinen Flusses. Der Platz ist umwerfend: Er befindet sich genau gegenüber einer chilenischen Insel genannt Snipe, wo es eine Siedlung mit dem gleichen Namen gibt. Gegen diese Insel kenterte am Morgen des fünften Januars 1988 ein Schiff namens *Logos.* Das Schiff, das unter der Flagge von Singapur stand, war ein Bibliotheksschiff. Vor dem Schiffbruch hatte es die Welt mit einer klar missionierenden und christlichen Absicht durchquert. Seine Besatzungsmitglieder, aus allen Nationen, legten in den verschiedenen Häfen an, um in Kursen und Konferenzen das Wort Gottes zu verbreiten. Andere blieben an Bord und kümmerten sich um den Verkauf von Büchern. In einigen Ländern, wie zum Beispiel in muslimischen Gebieten, wo die inoffiziellen Religionen eingeschränkt sind, war die Initiative von *Logos* eine

---

8. ITURRIASPE, Rodolfo (2002) , in: Subsecretaría de Planeamiento de la Ciudad de Ushuaia: Península Mitre – Proyecto de creación de un área protegida en el extremo sudoriental de la Isla Grande de Tierra del Fuego, República Argentina, Seite 11.

einmalige Gelegenheit für die Bevölkerung, ein christliches Buch zu erlangen.

Ursache der Kollision war ein Riss und eine schwerwiegende Schlagseite, die das Schiff zur sofortigen Evakuierung in Richtung Puerto Williams, des nächstgelegenen Ortes, zwang. Schiffe aus Argentinien und Chile boten Unterstützung an. Glücklicherweise wurden nahezu hundertvierzig Personen ohne Ausbruch einer Panik in Sicherheit gebracht. Der materielle Verlust war aber immens, und die Schiffbrüchigen konnten nicht einmal ihre persönlichen Gegenstände retten.

Das Wrack ist immer noch deutlich zu sehen, aus den Tiefen der eisigen Wasser auftauchend, wie wenn es seine Durchquerung der sieben Weltmeere weiterführen wollte.

Ich bin ein bisschen vor Leo und Juan eingeschlafen; sie blieben noch einen Moment am Feuer und lasen aus dem *Martín Fierro.*

TAG 5 An diesem Morgen funktionierten wir wie eine Schweizer Uhr. Wir standen rasch auf, und ohne Zeit zu verlieren haben wir gefrühstückt, das Lager abgebrochen und uns auf den Weg gemacht. Es war Punkt neun Uhr. Dies war eines der wenigen Male, wo wir den strikten Zeitplan noch eingehalten haben. Im Verlauf der Tage würden wir nämlich jedes Mal ein bisschen später aufbrechen. Dies nicht etwa aufgrund von Trägheit, sondern wegen der zunehmend kürzer werdenden Tage, die uns das Ende des Herbstes und der Anfang des Winters bereitete. Mit jeder Woche würde es ein bisschen später hell werden, wodurch es für uns zu einer grossen Herausforderung werden würde, an den eisigen und nassen Tagen überhaupt aus dem Zelt zu kommen.

Unsere Mannschaft setzte sich also in Bewegung und liess Kilometer um Kilometer unbesiedelter Strassen hinter sich. In den letzten Tagen hatte Leo starke Schmerzen im Fuss verspürt, und Juan tat die Ferse weh. Anfangs war ich etwas besorgt über diese Situation. Ich fürchtete, dass sich die Schmerzen mit der Zeit verstärken und so das Vorwärtskommen erschweren würden. Später aber konnte ich die Tatsachen besser einschätzen und realisierte, dass es völlig normal war, an Muskelschmerzen zu leiden: schliesslich wanderten wir mit ziemlich viel Gewicht über bemerkenswerte Distanzen – bis zu 25 Kilometern pro Tag. Ausserdem bewegten wir uns in einem flotten Tempo.

Wir machten am Wegrand Halt, um zu Mittag zu essen. Ich nutzte die Zeit, um einen Moment auszuruhen, während die anderen zwei einen roten Falken fotografierten. Am späteren Nachmittag kamen wir bei der Estancia Moat an, welche 1902 von Antonio Isorna errichtet wurde, einem Spanier, der in einer argentinischen Expedition unter Augusto Laserre im Jahr 1884 nach Ushuaia gekommen war[9]. Seine Nachkommen leben noch

---

9. Die „División Expedicionaria al Atlántico Sud", eine Expedition der Nationalen Kriegsmarine, landete am Sonntag, 28. September 1884 in der Bucht von Ushuaia. Sie stand unter dem Kommando von Coronel de Marina Augusto Laserre. Diese Initiative gehorchte dem starken Willen der nationalen Regierung, auf Feuerland eine Untereinheit der Küstenwache zu stationieren, um in dieser Region und den südlichen Meeren eine Art Souveränität auszudrücken. Vor seiner Ankunft an der Küste der Grossen Insel hatte Laserre im April die Staateninsel besucht und an ihrem östlichsten Punkt, in einer Bucht, die heute als „San Juan del Salvamento" bekannt ist,

immer in Ushuaia und, wie schon erwähnt, ist die Estancia heute im Besitz der Familie Lawrence.

Es gab keine Anzeichen dafür, dass der Ort bewohnt war. Wir hielten nicht an, um uns zu vergewissern, denn unser Ziel war es, zum Posten der Küstenwache zu gelangen, den wir schon von weitem ausmachen konnten. Um Leo und Juan zu ermuntern, sagte ich ihnen, dass wir nur noch fünfhundert Meter davon entfernt waren, in Wirklichkeit mussten es aber bestimmt noch mehr als drei Kilometer sein, da der Weg eine grosse Schlaufe macht, um den Fluss Moat bei einer Brücke zu überqueren. Dieser unbedeutende Spruch, „fünfhundert Meter", würde zu einem der vielen Ausdrücke werden, über die wir während der Expedition immer und immer wieder lachten. Von diesem Moment an, jedes Mal, wenn einer von uns die Distanz zu einem bestimmten Ort wissen wollte, war die natürliche Antwort der anderen zwei, unter Gelächter: „fünfhundert Meter!".

Kaum hatten wir die Brücke überquert, nahm ich den unverwechselbaren Gesang der Spechte[10] wahr. Ich hörte das Geräusch ihrer Schnäbel auf den Stämmen der Bäume, und als ich den Blick in Richtung des angenehmen Tons wandte, entdeckte ich zwei Magellanspecht-Pärchen (*campephilus magellanicus*). Diese Art, die auf Feuerland vorkommt, ist die grösste aller Arten auf dem südamerikanischen Kontinent. Ich machte Leo und Juan, die etwa fünfzig Meter hinter mir gingen, darauf aufmerksam. Wir blieben alle drei ruhig stehen und lauschten dem einzigartigen Perkussionsschauspiel. Diese Vögel sind wunderschön, vor allem die Männchen mit ihrem roten Kopf. Die Weibchen dagegen sind

---

eine Einheit und einen Leuchtturm erstellt. Es ist zu erwähnen, dass seit einiger Zeit eine Diskussion um den Tag seiner Gründung herrscht. Einige legen den 12. Oktober 1884 als Tag der Gründung von Ushuaia fest, da Augusto Laserre an jenem Tag die Untereinheit der Küstenwache erstellt und zum ersten Mal in diesem Gebiet die argentinische Flagge gehisst hat. Andere sind jedoch der Meinung, dass dieser Akt nur die Einweihung einer weiteren Abteilung der Marine war, während der wirkliche Gründungsakt das Dekret der nationalen Exekutive auf Anordnung des Gouverneurs des Gebiets, Félix M. Paz vom 27 Juni 1885 gewesen sein soll. Nach diesem wurde nämlich der Prozess zur politischen Verteilung der neuen Regierung eingeleitet und Ushuaia, der Sitz der Untereinheit von Laserre, als Hauptort bestimmt.

10. Ihr Gesang hört sich an wie ein Gelächter und hat den Zweck, auf sich aufmerksam zu machen und den Partner anzulocken.

ein bisschen kleiner und ihr Kopf ist schwarz mit einer Art Ringellocke, die nach unten zeigt.

Bevor wir bei der Einheit ankamen, machten wir einen Halt an einem Posten der Estancia Puerto Rancho. Ein Mann namens Don Cárdenas empfing uns. Da wir ihm erzählten, dass wir in Richtung Osten weitergehen wollten, gab er uns einige Empfehlungen für die Überquerung bestimmter Flüsse, die im Verlauf der Wanderung auf uns zukommen würden. Er fragte uns ob wir *„algo juerte para el garguero"* (etwas Starkes für den Hals) dabei hatten. „Was?", antworte ich erstaunt. Er wiederholte die Frage und da verstand ich… Er wollte Alkohol. „Nein, haben wir nicht", erklärten wir. Einige Monate später, wieder in Ushuaia, erfuhr ich, dass Don Cárdenas an Leberzirrhose gestorben war. Es tat mir sehr leid, dass der Landarbeiter in die Fänge des Alkohols geraten war.

Schliesslich erreichten wir die Einheit Moat, die der Argentinischen Küstenwache gehört. Der Empfang war zuerst nicht so, wie wir ihn uns vorgestellt hatten, und einen Moment lang dachte ich, man würde uns sagen: „Dort habt ihr einen Ort um euer Zelt aufzuschlagen, Jungs. Wenn ihr heisses Wasser wollt, sagt Bescheid". Zum Glück ist dann aber das Eis gebrochen. Wir wurden bald vertrauter, und die Belegschaft bot uns an, im Gebäude zu schlafen. Wir tranken *mate,* aber diesmal gab es keine *tortas fritas.* Der Eintopf, den sie uns zum Nachtessen servierten, rechtfertigte diesen Verstoss gegen die Tradition aber allemal.

Ich weiss nicht ob es ein spontanes Angebot oder der Ausdruck einer Art Bitte oder Gebet war, denn kaum waren wir im Haus, fragten sie uns, ob wir duschen wollten. Ohne Zweifel war es ihnen ein Anliegen, uns unter die Dusche zu schicken, wahrscheinlich nicht nur zu unserem Wohl, sondern vor allem zu ihrem.

Einmal mehr wurden wir wundervoll umsorgt. Wir führten gute Gespräche, schauten fern und spielten „Zehntausend", ein Würfelspiel, bei dem man „mutig" sein muss, wie ich in jener Nacht den Mitgliedern der Belegschaft und meinen Gefährten stets wiederholte. Ich habe nicht gewonnen, wie immer, wenn ich bisher an irgendeinem Wettstreit teilgenommen habe.

Von unserem Standpunkt aus gaben wir per Radio und mit Hilfe der Einheiten Mackinlay und Almanza ein „ohne Neuigkeiten“ an Leos Frau in Ushuaia durch. Dies würde bis zur Bucht Buen Suceso im östlichsten Teil der Insel der letzte Ort sein, wo wir andere Menschen treffen würden. Vielleicht würden wir das Glück haben, auf dem Weg irgendeine verlorene Seele anzutreffen, was aber eher unwahrscheinlich war. Es war besser, nicht zu viele Gedanken daran zu verlieren; wir mussten jetzt vorwärts schauen und uns auf die Wanderung konzentrieren, denn trotz des ansehnlichen Weges, den wir schon hinter uns hatten, fing unser Abenteuer erst richtig an.

4

Abseits der Strasse

Von Moat zum Plastik-Rancho

Den Fluss López?... Den kenne ich nicht.
Und ich will ihn auch nicht kennenlernen.

DON CÁRDENAS *(Landarbeiter)*

TAG 6

Während der vergangen Tage habe ich oft an unseren ersten Abschnitt „abseits der Strasse" gedacht, der nach der Estancia Moat folgen würde. Ich fühlte mich wie ein Soldat, der sich während Jahren mit Kraft und Überzeugung darauf vorbereitet, eines Tages mit der über die Zeit gewonnenen Erfahrung ins Feld, in den wahren und unerbittlichen Krieg zu ziehen. Wie jener Soldat habe auch ich verschiedene Gefühle durchgemacht, hervorgerufen durch dieses neue, unbekannte und herausfordernde Gebiet. Meine Seele war voller Angst, Unruhe und Sehnsucht, aber vor allem auch Hoffnung. Denn das Sprichwort „die Hoffnung stirbt zuletzt" kommt nicht von ungefähr. Ich bin sicher, wenn die Hoffnung nicht immer in unseren Herzen gewesen wäre, wäre die Expedition längst gescheitert.

Nach einem gemeinsamen *mate* bedankten wir uns bei den Leuten der Einheit und machten uns mit den ersten Sonnenstrahlen auf den Weg. An diesem Tag überquerten wir unseren zweiten Fluss, dieses Mal bei Ebbe. Er hatte eine starke Strömung, führte aber nicht sehr viel Wasser, weshalb uns das Durchwaten keine grösseren Schwierigkeiten bereitete.

Da unsere weitere Route mehr oder weniger den Konturen der Küste folgen würde, war die Abstimmung auf das Meer und die Gezeiten sehr wichtig. Alle sechs Stunden stieg oder sank der

Meeresspiegel, und es war unerlässlich, dass wir diese Intervalle ganz genau voraussehen konnten. Eine Tabelle der Gezeiten von der Argentinischen Marine lieferte uns die Informationen dazu. Der Meereszyklus beeinflusste logischerweise den Pegel der Flüsse. Während den Schwankungen von Flut und Ebbe stiegen und sanken auch die Flüsse, und ihr Pegel veränderte sich signifikant.

Zwischenzeitlich war der Weg praktisch verschwunden, und wir wären besser den ganzen Tag dem Küstenrand gefolgt. Ich sage dies, weil wir im Verlauf des Tages eine Abkürzung machen wollten und prompt in eine Torfmoorinsel gerieten. Das Gelände war sehr feucht und unbeständig, weshalb wir oft stürzten oder bis weit über die Knie in das eisige Wasser einsanken. Ehrlich gesagt war ich es, der in dieser Hinsicht am meisten Pech hatte, und die anderen zwei machten sich über mich lustig. Natürlich ärgerte ich mich nicht, man muss die Dinge mit Humor nehmen können, um die Moral hoch zu halten. Diese Stimmung innerhalb der Gruppe machte das Vorwärtskommen um einiges leichter, auch unter den widrigsten Bedingungen.

Jetzt, wo ich es aus der Distanz betrachte, wie ein Historiker, der Schlüsse über vergangene Epochen zieht, wird mir klar, dass unsere Fähigkeit, die eigenen Fehler anzuerkennen und darüber zu lachen, eine der besten Waffen war, um unsere Mission erfolgreich zu beenden.

Don Cárdenas hatte uns gesagt, dass wir nach dem Überqueren des Flusses zwei *ranchos*[1] vorfinden würden. Beim ersten machten wir einen kleinen Zwischenhalt und genossen einen *mate* und ein bisschen Thon. Der Ort lud zum Innehalten ein, besonders an diesem wunderschönen Tag. Obwohl es kalt war, war der Himmel wolkenlos und die Sonne schien mit voller Kraft, fast schon trotzig.

Überzeugt, dass wir die Nacht unter einem guten Dach verbringen würden, machten wir uns auf die Suche nach dem zweiten

---

1. *Rancho* ist ein anderes Wort für „Posten". Es bezeichnet kleine Schuppen (gewöhnlich aus Zink und Holz), die von den Landarbeitern und Gauchos der Estancias benutzt werden, um auszuruhen und ihre Arbeit am nächsten Tag weiterführen zu können. In ihrem Innern findet man oft Betten, Feuerholz und manchmal auch Lebensmittel. In dieser Gegend ist die Hauptbeschäftigung der Leute der „bagualero", ein Begriff, der sich auf das Hüten von wildem Vieh bezieht.

rancho, der nach Angaben unseres hilfsbereiten *gauchos* noch drei Stunden entfernt war. Wir beschleunigten unseren Schritt und vermieden unnötige Pausen. Es war schon gegen fünf Uhr abends, die Dämmerung setzte ein und vom alten *rancho* war noch weit und breit keine Spur. Wir beschlossen, noch eine Stunde weiter zu gehen, und wenn wir ihn bis dahin nicht gefunden hätten, würden wir das Zelt aufstellen.

Die Stunde war schon fast vorbei, wir hatten die Hoffnung praktisch aufgegeben und waren im Begriff, unsere Abmachung einzuhalten, da sah Juan einen Drahtzaun. Er ging ein bisschen vor und von einem Hügel streckte er die Arme in die Höhe und schrie: „¡*Rancho*!“. Alle drei jubelten wir wie verrückt und sangen und feierten als wären wir Piraten, die nach Jahren des Umhersegelns wie durch ein Wunder den Schatz der Spanischen Flotte gefunden hätten. Dieses Siegesruf wurde zu unserem Markenzeichen; von diesem Moment an würden wir ihn jedes Mal ausstossen, wenn einer von weitem diese Holzstrukturen erkannte, laut und kräftig, so dass er bis hoch in die Wolken des Himmel und tief in die Feuer der Hölle zu hören war.

Der kleine Unterschlupf befand sich an einem sehr malerischen Ort. Von hier aus schien die Küste in Richtung Osten unendlich. Der *rancho* war ein Schuppen aus Holz und Blech, und obwohl er sehr bescheiden war, war er für uns wie ein grosser Palast. Die Nacht in diesem einfachen Raum zu verbringen bedeutete für uns, kein Zelt aufstellen zu müssen und ein Feuer unter Dach entfachen zu können, um unsere Wäsche zu trocknen.

Ich trat zuerst ein. Die anderen zwei blieben noch einen Moment draussen, um das beeindruckende Abendrot zu fotografieren. Als ich herauskam, ein Stück „*charqui*“ kauend, schaute mich Juan ganz perplex an. Er verstand nicht, was ich da gerade ass. Ich erklärte ihm, dass das Fleisch war, das nur mit grobem Salz gekocht und an der Sonne getrocknet wird. Es ist ein Nahrungsmittel, das die *gauchos* aufgrund seiner guten Haltbarkeit jeweils auf ihre langen Ritte mitgenommen hatten. Ich wollte das schon immer mal probieren. Nie hätte ich gedacht, dass es so gut schmeckt. Sein Geschmack erinnert ein bisschen an Rohschinken. Auch Leo und Juan mochten es.

Es war eine grosse Erleichterung, vom Wind geschützt zu sein und die warme Umarmung des Feuers zu spüren. Wir assen zu Abend und danach kam wie immer der literarische Moment. Es wurde auch zur Gewohnheit, einen *mate* zu trinken, wenn wir uns in unsere Lektüre, den *Martín Fierro,* vertieften. José Hernández beschreibt in seinem Buch ausgedehnte und schöne Passagen des früheren Lebens auf dem Land, wo sich die alten Lebensgewohnheiten mit der rauen Wirklichkeit der *gauchos* vermischten. Und um auf den *mate* zurückzukommen, jenen typisch argentinischen Tee: Leo und Juan waren es, welche meist die Initiative dazu ergriffen. Ich war immer ein bisschen weniger „traditionell" und trank normalerweise Tee, und wenn wir das Glück hatten und welchen vorfanden, Kaffee. So oder so, eine Runde *mate* zu teilen war immer etwas Erfreuliches. Denn dieser Tee hat etwas, was andere Getränke nicht haben; die Fähigkeit, in einer Gruppe von Menschen ein Gefühl von Einheit, Freundschaft und Kameradschaft zu erzeugen.

Während Leo und Juan die Abenteuer des *gauchos* Fierro lasen, schweifte ich ab und dachte an diese Männer von früher, wie sie die weiten Pampas, die unendlichen Meilen des argentinischen Landes durchstreiften. Ich stellte sie mir vor mit ihren Ponchos, ihren Pferden, ihren langen Messern. Viele von ihnen mussten in kleinen Festungen leben, den gefürchteten *malones*[2] oder Plünderungen ausgesetzt, durch welche die Dörfer an der Grenze oft verwüstet wurden.

Nach dieser Reise durch die Gedanken schrieb ich vor dem Einschlafen in mein Tagebuch:

„...ich bin sehr zufrieden mit der Expedition; wir verbringen eine grossartige Zeit miteinander und das Zusammenleben funktioniert bis jetzt sehr gut. Ich weiss aber, dass der Weg immer rauer und schwieriger werden wird. Es fehlt noch der Fluss López, vielleicht unser Eingangstor zur Halbinsel Mitre...".

---

2. *Malones* waren unerwartete Überfälle oder Angriffe durch Ureinwohner verschiedener Siedlungen. Sie plünderten oft Vieh und manchmal nahmen sie sogar Frauen mit.

TAG 7 An diesem Morgen passierte mir etwas Lustiges. Ich träumte, dass ich auf einem Schiff war und einen Wecker hörte, der nicht aufhörte zu klingeln. Es stellte sich heraus, dass es meine eigene Uhr war, die schon seit unbestimmter Zeit am läuten war.

Ich stand auf, weckte die beiden anderen, und um neun Uhr zwanzig brachen wir auf. Bevor wir losgingen, hatte ich mir erlaubt, eine gute Portion *charqui* mitzunehmen. Ich habe aber einen Zettel für Pati – einen Landarbeiter, auf den ich später zurückkommen werde – hinterlassen und ihn darüber informiert, dass wir die Nacht im *rancho* verbracht und ein bisschen vom vorhandenen Proviant mitgenommen hatten.

Nach einer Stunde erreichten wir einen Strand mit Klippen. Wir kletterten hinunter und nahmen einen Weg, der in einen dichten Wald führte. Das Vorwärtskommen war kein Problem; der Pfad war fest, ein eindeutiges Zeichen dafür, dass er von Vieh genutzt wurde. Aus dem Wald herausgekommen, mussten wir unseren Weg mit grösseren Schwierigkeiten durch hohe Weiden fortsetzen. Wir stiegen auf einen kleinen Berg und vom Gipfel aus konnten wir an der Küste einen Leuchtturm ausmachen. Das konnte nur das Kap San Pío sein. Wir bestätigten unsere Position über ein Fischerboot nahe der Küste, welches wir via VHF-Radio orten konnten. Wir waren uns sicher, dass wir einen Ort erreicht hatten, der nicht nur für uns, sondern auch für alle anderen Einwohner unseres Landes symbolträchtig war, denn er bildet den südöstlichsten Punkt Argentiniens.

Wir konnten nicht weitergehen, ohne diesen Leuchtturm besucht zu haben, besonders an einem so schönen Nachmittag wie diesem. Der Himmel war eine getreue Abbildung der Farben unserer Nationalflagge[3] und das Wasser des Meers ruhte wie ein grosser Teich. Die Sonne beleuchtete alle Figuren, Silhouetten und Schatten und tauchte die ganze Szene in ein goldenes und mächtiges Licht. Juan band die argentinische Flagge an einen Stab und liess sie im Wind wehen; wir stiegen in Richtung Leuchtturm hinab

---

3. Die argentinische Flagge geht auf das Jahr 1812 zurück. Sie besteht aus drei gleich breiten, horizontalen Streifen in den Farben hellblau, weiss und hellblau. 1818 kam eine gelbe Maisonne in der Mitte hinzu.

und stimmten die argentinische Nationalhymne an. Juan, unser „Versuchskaninchen", wurde dazu bestimmt, bis zum Licht des Leuchtturms hinaufzusteigen. Ich gebe zu, auch auf die Gefahr hin, als Feigling bezeichnet zu werden, dass ich auch versucht habe hochzuklettern, aber meine Angst hinderte mich daran, bis ganz nach oben zu kommen, denn die Treppe war alt und ziemlich rostig.

An diesem Ort sind die Klippen sehr steil und bilden eine gezackte, einzigartig schöne Küstenlinie. Von hier oben konnten wir die Geräusche einiger Seelöwen hören, die sich hunderte von Metern weiter unten, am Fuss der massiven Wände befanden. Ich konnte sie nur sehen, indem ich mich mit höchster Vorsicht über den Abgrund beugte.

Später, als ich mich mit Fragen zur feuerländischen Toponomie beschäftigte, fand ich heraus, dass dieses Kap 1791 durch den Leutnant Juan José de Elizalde benannt wurde, zu Ehren seiner Korvette, der *San Pío*. Er folgte einer alten Marine-Tradition, wonach der letzte Ort, der von einer Flotte entdeckt wird, nach ihrem Schiff benannt werden soll.

Die Expedition Elizaldes war vom Vizekönig Arredondo angeordnet worden und hatte zum Ziel, die Küsten der Isla Grande von Feuerland zu umsegeln und nach möglichen englischen Siedlungen abzusuchen, welche jedoch, zum Glück für die Argentinier, nicht existierten. Die Expedition hatte aber dennoch eine grosse Bedeutung, da sie wertvolle Information über die Geographie der Küste der Insel lieferte und die Toponomie Feuerlands überaus bereicherte.

Wir nahmen die Flagge, die Juan aufgehängt hatte, wieder ab und machten uns auf, zum Berg zurückzukehren, wo wir unsere Rucksäcke gelassen hatten. Dort verweilten wir noch einen Moment bei einem *mate*, genossen die Landschaft und liessen uns eine letzte Schachtel Kekse schmecken, die wir noch übrig hatten.

Ein bisschen später, während einem unserer Foto-Halte, wurden wir von einem Rudel von über zehn Hunden überrascht, die unerwartet aus dem Wald auf uns zukamen. Zusammen mit der Meute näherten sich uns auch zwei Reiter. Sie stiegen von ihren Pferden, um sich vorzustellen. Wer konnten diese zwei „Quijotes" Patagoniens sein? Natürlich nur „Pati" Vargas und der „Correntino". Wir konnten es kaum glauben, aber es war wirklich wahr. Der Pati, von dem wir schon so viel gehört hatten. Er lud uns auf seinen *rancho* ein, welcher ihm zufolge nur „einen Moment“ entfernt war... Ich stellte mir unter dem Ausdruck „einen Moment“ eine kurze Zeit vor, nicht mehr als zwanzig, dreissig Minuten. Wie hatte ich mich geirrt... Sicher war es für ihn schwierig, in zweibeinigen statt vierbeinigen Fortbewegungsmitteln zu denken, denn sein „Moment“ stellte sich als zwei Stunden Marsch heraus.

Seine Unterkunft war schon eher ein Haus als ein *rancho*. Es hatte ein paar Betten, einen Tisch in der Mitte des Raumes, Stühle und reichlich Brennholz neben der Feuerstelle. Wir zogen die Schuhe aus und machten es uns gemütlich. Sofort stellte sich eine lange *mateada* ein, und wir hatten Zeit, uns gegenseitig kennen zu lernen. Der offiziell ernannte *mate*-Zubereiter, Juan, dehnte die Runde bis zum Abendessen aus.

Pati erzählte uns, dass er den grössten Teil seiner Zeit hier auf dem *rancho* verbringe, manchmal auch in der Bucht Sloggett, einige Reitstunden weiter östlich. Er widmet sich dem Hüten von wildem Vieh, und ab und zu muss er einige Tiere bis nach Moat

Pati Vargas un der Correntino.

hinunter bringen. Der Correntino arbeitet auf der anderen Seite des Flusses Bompland, auf der Estancia Puerto Español, in der Bucht Aguirre.

Beide waren einfach, authentisch und unheimlich grosszügig. Pati muss etwa um die fünzig sein, der Correntino wahrscheinlich um die fünfunddreissig.

Wir berichteten ihnen von unserem Vorhaben, und Pati sagte, dass sie in zwei Tagen zum Fluss López reiten würden. Er drängte darauf, dass wir am nächsten Tag zu dem Strom wandern und dann auf sie warten sollten. Mit einer fast schon väterlichen Haltung bat er uns, den Fluss nicht alleine zu überqueren, sondern auf sie zu warten, damit sie uns zu Pferd hinüberbringen konnten. Ich weiss nicht, ob ich an Glück glauben soll, sicher aber glaube ich an Schicksal. Und unseres war es vielleicht, dass wir an diesem abgelegenen Ort der Welt auf diese zwei guten Männer gestossen sind.

Der Correntino kümmerte sich ums Abendessen: Es gab Fleisch mit Zwiebeln und Kartoffeln. Ihm dabei zuzusehen, wie er in dem grossen, dampfenden und gut riechenden Topf rührte, löste in mir eine grosse Zufriedenheit aus. Wir assen sehr gut und gönnten uns sogar ein bisschen Saft. Der Kaffee war dann gleichzeitig der Abschluss des Festmahls und der Beginn des Nachtischs und einer sehr interessanten Unterhaltung. Eine Weile diskutierten wir mit den beiden den Plan für den nächsten Tag: Wir würden gegen Mittag aufbrechen, da wir die Ebbe abwarten mussten, die um elf Uhr einsetzte, um den Strand problemlos überqueren zu können. Am *rancho* des Flusses López angekommen, würden wir die Ankunft der beiden Reiter abwarten.

Diese Nacht fühlte ich mich sehr glücklich. Bis zu dem Moment war alles nach Plan verlaufen, so, wie wir es erwartet und vorausgesagt hatten. Und zu unserer Überraschung hatten wir auch noch die einzigen zwei Personen getroffen, die zwischen der Estancia Moat und der Einheit der Armada in der Bucht Buen Suceso leben. Die Tatsache, dass wir uns an einem derart verlassenen Ort befanden, wo man über hunderte von Kilometern gerade mal zwei Seelen vorfindet, versetzte mich immer wieder in Erstaunen. Und es kam mir ein lustiger Gedanke: mit unserer Anwesenheit hatten wir gerade die Bevölkerungszahl dieser Gegend verdoppelt.

TAG 8 Ich bin früh aufgestanden, um möglichst viel vom Morgen zu haben. Wir hatten es nicht eilig, da wir erst kurz nach Mittag aufbrechen würden. Pati und der Correntino waren zu dieser Zeit natürlich bereits wach. Etwas später begann Leo, *tortas fritas* zuzubereiten und ich half ihm dabei. Wir kochten eine ordentliche Menge; nach den vergangenen Tagen verlangte der Körper allmählich nach einer Portion Mehl. Juan übernahm unterdessen die Aufgabe, die ganze Szenerie mit der Filmkamera einzufangen.

Um halb eins verliessen wir den *rancho* und marschierten los in Richtung Meer. Sobald es möglich war, stiegen wir zum Strand hinunter. Die Küste war wild, mit riesigen Felsblöcken, die trotz ihrer absoluten Ruhe jeden unserer Schritte zu überwachen schienen, als ob sie uns vor etwas Unbekanntem warnen wollten.

Nach einiger Zeit verspürte Leo einen starken Schmerz in seinem Bein. Er nahm ein entzündungshemmendes Medikament, das aber keine schnelle Wirkung zeigte. Dies beunruhigte mich ein bisschen; es fehlte noch mehr als die Hälfte der Expedition und, was am schlimmsten war, der schwierigste Abschnitt lag noch vor uns.

Bis jetzt habe ich noch nicht erwähnt, dass wir jeden Tag, ob morgens, nachmittags oder nachts, während dem Wandern gesungen haben. Dies gab uns Mut, weiterzumachen und vereinte uns in einer perfekten Harmonie. Wir hatten ein breites Repertoire: von Rockliedern über die Sechzigerjahre bis hin zu nationalen Märschen. So wanderten wir zum Rhythmus der Musik unserer ziemlich schiefen Stimmen, die vergeblich eine unzerstörbare Stille zu durchbrechen versuchten.

Wenn wir von unserem eigenen Gesang genug hatten, liessen wir uns von den Melodien der Natur berieseln: von den sanften Explosionen des Meeres gegen die Felsen, dem fast unmerklichen Murmeln der Bäche, den unsterblichen Rufen der Kondore und dem ewigen Heulen der Winde.

Manchmal wanderten wir auch Stunden, ohne ein einziges Wort zu sprechen. Jeder schien in seiner eigenen Welt abgetaucht zu sein, in diesem Universum, das jede Seele in sich trägt, voller intimer Gefühle, Gedanken und Erinnerungen, Hass, Groll und Liebe. Während dieser endlosen Tage dachte ich über das Leben, die Arbeit und meine Familie nach. Ich dachte an alle und fühlte sie nah, obwohl sie in Wirklichkeit tausende von Kilometern entfernt waren. Meine Mutter hatte ich vielleicht am gegenwärtigsten. Ihr verdanke ich nicht nur meine Existenz, sondern alles, was ich heute bin. Denn sie war es, die mich mein Leben lang bedingungslos ermutigt hat, bei allen Vorhaben, die ich mir in den Kopf gesetzt habe. Und wenn ich je etwas erreicht habe, wenn ich je bei etwas erfolgreich war, dann ist das zweifellos nicht mein, sondern ihr Verdienst.

Nachdem wir eine ganze Weile über ausgedehnte Strände gegangen waren, kamen wir auf einen Route, die uns erneut auf reichlich mooriges und beweidetes Gelände führte. Von einem Hügel aus beobachteten wir die unverwechselbare Umgebung der Bucht Sloggett. Sie war klar zu erkennen und unterschied sich nicht von dem Satellitenbild, das wir dabei hatten. An diesem Punkt konnten wir uns an der Schönheit des Panoramas kaum satt sehen. Die Sonne blendete stark und spiegelte sich glänzend in den vielen Pfützen des weiten Hochmoors.

Wir ebneten uns einen Weg durch einen kleinen Wald und gingen weiter auf einem ziemlich gut herausgebildeten Pfad. Als wir durch das Moor wateten, wurde es schon schwieriger, eine Route zu finden. Trotzdem kamen wir ohne Probleme vorwärts. So erreichten wir um sechs Uhr Abends einen *rancho* inmitten eines Waldes. Er muss wohl den Goldsuchern gehört haben, von denen uns Pati erzählt hatte. Gemäss seinen Beschreibungen musste es etwa eine Stunde entfernt noch einen weiteren geben. Es war spät, es dunkelte bereits und wir mussten eine Entscheidung treffen. Leo machte den Anschein, hier bleiben zu wollen, während Juan und ich eher dazu neigten, weiterzugehen. Wenn wir hier bleiben würden, würden wir am nächsten Tag noch zum anderen *rancho* gehen müssen, um auf die beiden Reiter zu warten.

Wir überzeugten Leo und gingen weiter. Wir beschleunigten das Tempo, denn es war schon am eindunkeln; wir mussten den *rancho* erreichen, bevor die Nacht uns ganz mit ihrem schwarzen Mantel bedecken würde.

Manchmal handeln wir Menschen dumm, leichtsinnig und ungestüm. Wegen unseres Enthusiasmus wanderten wir oft zu nächtlichen Stunden. Und, was die Situation noch erschwerte, wir taten es in einem völlig unbekannten Gelände. Gott und unseren Schutzengeln sei Dank, dass uns nie etwas passiert ist. Aber ich muss eingestehen, dass wir eine Dummheit begangen haben. Es war fahrlässig von uns, wir folgten dem Ruf unserer Leidenschaft, statt unserem Verstand zu gehorchen. In diesen Fällen, wenn Handlungen unbedacht durch die Kraft des Herzens angetrieben werden, kann dies das Leben in Gefahr bringen, die Risiken werden grösser und es geschehen Unfälle.

Wir gingen immer schneller über das Moor, das zum Glück ziemlich fest war. Es war schon eine Stunde vergangen, der Himmel war bereits dunkel und der Unterstand wollte einfach nicht erscheinen. Ich weiss nicht mehr, wer zuerst geschrieen hat, aber ich erinnere mich daran, wie laut das Wort die Stille der Nacht durchbrochen hat: „*Rancho*!".

Im Innern war das Bellen eines Hundes zu hören. Ich näherte mich der Tür, und im Licht meiner Laterne entdeckte ich die Augen eines Tieres, das so erschreckt war, wie ich es noch nie gesehen hatte. Langsam trat ich ein und sofort schlich sich der Hund in den angrenzenden Raum. Er stand in einer Ecke, mit dem Rücken zur Wand und gesenktem Kopf, wie ein resignierter Gefangener, der seine Strafe erwartet. Ich schnitt ein paar Stücke des Fleisches ab, das von der Decke hing und reichte sie ihm. Es war eindeutig, dass er neben Angst auch Hunger hatte. Heisshunger. Als die anderen beiden hereinkamen, verliess der Hund das Haus, als ob er uns den Unterstand höflich überlassen würde.

Der Ort war in gutem Zustand, es gab eine ziemlich akzeptable Feuerstelle und ein paar Bänke. Wir waren erstaunt darüber, dass die Fenster der Türe völlig intakt waren. Das Beste aber war zweifellos das frische Fleisch, das wir vorgefunden hatten. Ich kochte ein paar Steaks mit Brühe und reichlich Gewürzen. Das Menu schmeckte allen.

Wir verblieben noch eine ganze Weile am Feuer, erzählten Geschichten, tranken *mate* und sprachen über das Leben und seine verdrehten Formen. Bevor wir uns schlafen legten, filmten wir noch einen Moment lang die Berichte über unsere bisherige Reise.

TAG 9 Schon seit einiger Zeit hatte ich grosse Lust, zu fischen. Und da wir sowieso bis zum Nachmittag warten mussten, war dieser Tag ideal, um einen Versuch zu unternehmen. Mit meiner improvisierten Fischerausrüstung (eine Büchse, eine Angelschnur und ein paar Köder) machte ich mich zur Mündung des Flusses López auf. Dort angekommen, wurde mir zu meinem Erschrecken bewusst, dass es wahr war, was man uns über den Fluss erzählt hatten: Er war wirklich Angst einflössend. Nicht dass er sehr breit wäre, das Problem ist seine Strömung und seine trüben und geheimnisvollen Wasser. Ich stellte mir vor, wie wir diesen Fluss durchwaten würden, und für einige Sekunden fühlte ich einen dicken Kloss in meinem Hals. Das würde keine einfache Aufgabe werden. Besonders, da wir die Tragödien von einigen alten Landarbeitern kannten, die hier, in diesem Wasser, das vor meinen Augen so rasch dahinströmte, ums Leben kamen. Wenn Einheimische, Experten in diesem Gebiet, beim Versuch, den Fluss zu überqueren, ihr Leben verloren hatten, was würde das wohl für uns bedeuten…

Ich versuchte, mich durch die Kunst des Fischens etwas von meinen Gedanken abzulenken. Ich versank aber so sehr in mir, dass ich nicht einen einzigen Fisch gefangen habe. Und jetzt, wo ich darüber schreibe, erinnere ich mich an die weisen Worte eines meiner Freunde, Manolo: „Das Fischen ist wie eine Frau: flatterhaft, schwer zu begreifen, wählerisch und alles andere als einfach.“ Wie Recht mein alter Freund mit dieser Einschätzung doch hatte!

Ich hatte noch Zeit, also besuchte ich einen Goldbagger am Ufer des Flusses. Er hatte fast monströse Dimensionen. Die alte Maschinerie in dieser Bucht zu sehen, liess mich an das Goldfieber auf Feuerland denken; plötzlich kamen mir Namen wie El Páramo in den Sinn, der Ort in der Nähe der Bucht San Sebastián, wo sich Julio Popper, ein exzentrischer rumänischer Ingenieur angesiedelt hatte. Ich erinnerte mich an seine Versuche, durch die Gewinnung des wertvollen Metalls sein eigenes Reich zu gründen. Ich stellte mir seine Briefmarke vor, die Prägung seiner eigenen Münze, sein grenzenloses Streben nach Macht. Er soll eine ganze Menge Gold gefördert haben, die Angaben darüber sind jedoch so verschieden, dass es schwierig ist, genaue Zahlen zu nennen. Sicher ist, dass Popper ein Visionär und Träumer war, und wie es in solchen Fällen üblich ist, ging er in die Geschichtsbücher ein. Er ist bekannt als einer der ersten, die das Innere der Insel erforscht hatten. Überbleibsel seiner Streifzüge sind die vielen Ortsbezeichnungen, die wir von ihm übernommen haben und bis heute kennen. Der Fluss López ist einer davon. Der wichtigste aber (zumindest für mich und für dieses Buch) ist zweifellos der Name der Halbinsel Mitre. Er hat sie zu Ehren des damaligen Präsidenten der Nation Argentinien so benannt.

Und um auf Sloggett zurückzukommen, muss ich auch die Menschen erwähnen, die an diesen Ort gekommen waren. In erster Linie wurde die Bucht von Goldsuchern aus Dalmatien besiedelt. Es fuhren aber auch einige Abenteurer, einsame Männer auf der Suche des edlen Metalls, diesen Küsten entlang. Männer, die ihr Leben traurigerweise der Suche nach der „goldenen Ader“ gewidmet haben. Vielleicht sind sie am Ende zufällig auf ein Körnchen gestossen, das es aber in keiner Weise rechtfertigte, ihre

Goldbagger In der Sloggett-Bucht.

ganze Existenz der Suche nach dem goldenen Traum verschrieben zu haben. Aus jenen früheren Zeiten bleiben heute nur noch die Erinnerungen und dieser Dinosaurier aus rostigem Eisen, Ausgangspunkt meiner kleinen Reise in die Vergangenheit.

Ich beschloss, zum *rancho* zurückzukehren, da mein Magen mich daran erinnerte, dass es schon gegen Mittag zuging. Als mich die anderen beiden sahen, fragten sie mich als erstes, ob ich etwas gefangen hätte. Ich erzählte ihnen die Wahrheit, und Juan sagte zu mir: „Gib nicht auf und du wirst müde werden“, eine veränderte Version eines berühmten Satzes von Napoleon. Es war klar, dass sich die Jungs ein bisschen über meine sportliche Aktion lustig machten.

Obwohl sie schon gegessen hatten, fiel es ihnen nicht schwer, mir noch bei ein paar Steaks Gesellschaft zu leisten. Und für mich war es eine schöne Geste. Um die Zeit zu überbrücken, haben wir Musketiere uns dann einen harten Kampf im Schiessen auf eine Zielscheibe geliefert. Am Ende hatte ich doch Recht: Die Schleuder würde noch für etwas gut sein... Leo war im Vorsprung, gefolgt von Juan. Als es schon danach aussah, dass ich verlieren

Quijotes von Patagonien: Ankunft von Pati Vargas und dem Correntino in der Buch Sloggett.

würde, kehrte ich mit meinem letzten Wurf die Sache noch um: Ich endete unentschieden mit Leo und verdrängte Juan auf den letzten Platz. Genau nach jenem historischen Schuss zerbrach die Schleuder, wodurch der Wettstreit unwiderruflich entschieden war.

Nach einer Weile kamen die zwei Reiter mit ihren Pferden und einer Meute von etwa zwanzig Hunden an. Wir waren schon bereit, schulterten unsere Rucksäcke und setzten uns flussaufwärts in Bewegung. Patis Anweisungen folgend, überquerten wir einen der Flussarme. Das Wasser reichte uns gerade mal bis zu den Knien. Er selbst durchquerte ihn an einer anderen Stelle, die er bereits kannte, wo das Wasser seinem Pferde bis an die Brust kam. Wir gingen einer nach dem anderen hinüber, da sie nur zwei Pferde hatten. Als Leo an der Reihe war, passierte etwas, was ein böses Ende hätte nehmen können. Ohne Absicht stach er mit einem seiner Wanderstöcke in die Flanken des Tieres, das vor Schreck für einen kurzen Moment durchging. Zum Glück ist aber nichts Schlimmes passiert.

Als wir alle drei am anderen Ufer waren, brachte uns der Correntino unsere Rucksäcke einer nach dem anderen herüber. Unglaublich! Was für ein Widerspruch! Es war der schwierigste Fluss der ganzen Expedition und wir sind gerade mal bis zu den Knien nass geworden, weniger noch als beim Encajonado. Wir waren überglücklich. Der López war nicht einfach ein weiterer Fluss auf der Expedition, er war das Portal zur Halbinsel Mitre. In gewisser Weise war es, als ob uns ein grosser Stein aus dem Rucksack genommen worden wäre.

Wir setzten den Marsch fort und nach zwanzig Minuten kamen wir zu einem *rancho*. Auf den ersten Blick schien er ziemlich beschädigt, das obere Stockwerk war aber in gutem Zustand. Es waren sogar drei Matratzen vorhanden.

Pati und der Correntino zündeten im Schutz einiger Bäume ein Feuer an. Da wir noch einige Fragen bezüglich des Weges hatten, dem wir am nächsten Tag folgen sollten, führte Pati Juan und mich auf eine Anhöhe. Von dort aus konnten wir die Geographie der Küste, ihre Formen und Merkmale, klar erkennen. Während der erfahrene Reiter mich mit seinem grossen Wissen in die Eigenschaften des Geländes einführte, nahm Juan alle Einzelheiten davon auf Video auf. Es wäre unverzeihlich gewesen, all diese Worte und Zeichen zu verlieren, die zweifellos ein Erbe von unermesslichem Wert sind. Den Lehren von Pati zuzuhören, war nicht, wie ein Geschichtsbuch zu lesen; viel besser, es war wie wenn man einen Teil davon selbst erleben würde. Jedes seiner Worte bestätigte, dass die Traditionen und die Sprache der *gauchos* in gewissen Regionen Argentiniens noch erhalten geblieben sind.

Später ging ich erneut zur Mündung des Flusses López (dieses Mal auf der anderen Seite), um es nochmals mit dem Fischen zu versuchen. Aber wie schon am Morgen waren meine Bemühungen umsonst.

Als ich zum Feuer zurückkehrte, fand ich das ganze „Volk" bei einer Runde *mate* versammelt. Über dem Feuer hatte der Correntino eine grosszügige Portion Fleisch aufgespannt. Vor dem Essen beschlossen wir, per Satellitentelefon eine Nachricht an Leos Frau zu schicken, um sie über unsere Position und unseren körperlichen und geistigen Zustand zu informieren. Von ihrem Haus aus war Ana dafür verantwortlich, die Informationen an unsere Familien, die Küstenwache und die Marine weiterzuleiten. Ich hätte nie gedacht, dass dieses Gerät so gut funktionieren würde. Es war ein grosser Vorteil, es dabei zu haben. In gewisser Weise fühlten wir uns so ein bisschen näher zu Hause.

Das Fleisch war köstlich. Als Beilage assen wir ein paar *tortas fritas*, welche ebenfalls unter Anweisung der *gauchos* zubereitet worden waren. Gegen zehn Uhr legten sich die beiden schlafen. Ich dachte, sie würden unter dem Dach des *rancho* Unterschlupf suchen; stattdessen deckten sie sich jedoch lediglich mit dem Sattelkissen ihrer Pferde zu, gleich wie die *gauchos* von früher. Der einzige Unterschied war die Umgebung, in der sie sich befanden: Das Klima der Pampas war einiges milder als jenes der eiskalten Küsten Feuerlands.

Leo, Juan und ich bewunderten diese zwei Persönlichkeiten sehr. Ihre Sprache, ihre Bräuche und ihre Lebensweise waren eine getreues Abbild der Charaktere, die José Hernández in seinem *Martín Fierro* geschaffen hat.

Wir drei Nomaden verweilten noch ein bisschen und unterhielten uns über die Expedition, unsere bisherigen Erfolge und unsere Ziele für die kommenden Tage. Aus heiterem Himmel wurde Leo plötzlich sehr wütend und ging schlafen. Erst ein paar Tage später erkannte ich den Grund für seine Ausbrüche, die sich noch einige Male wiederholten. Leo war der einzige von uns, der verheiratet war und Kinder hatte. Es ist verständlich, dass ein Vater seine Kinder vermisst, besonders wenn diese noch klein sind. Er war nicht böse auf uns, sondern auf sich selbst. Von seiner geliebten Familie entfernt zu sein und zu wissen, dass noch ein langer und harter Weg vor ihm lag, bevor er sie wieder in die Arme schliessen konnte, zerriss ihm fast das Herz.

Juan und ich blieben noch einen Moment länger an der Wärme der Flammen und tranken *mate* in der Stille. Keiner sagte ein Wort, jeder war in Gedanken in seiner eigenen Welt versunken.

Ich ging vor ihm ins Bett; der nächste Tag würde lang werden und wir brauchten unseren Schlaf.

Der Correntino und Pati Vargas beim Überqueren des gefürchteten Fluss López.

TAG 10 Wir sind nicht sehr früh aufgestanden. Kurz, bevor wir aufbrechen wollten, lud uns Pati noch zu ein paar Steaks (das Fleisch war schon gekocht und noch heiss) und *mate* ein, um die „Rippen aufzuwärmen", wie er uns sagte.

Wir verliessen den Ort schliesslich gegen elf Uhr. Wenigstens hatten wir schon gegessen und fühlten uns deshalb gut. Trotzdem war dies unser erster schlechter Tag, und das im weitesten Sinne des Wortes, denn wir verliefen uns mehrmals, es regnete in Strömen und Leo war die ganze Zeit schlecht gelaunt. Juan und ich schenkten ihm nicht allzu viel Beachtung; wir dachten, dass es das Beste wäre, ihn in Ruhe zu lassen, bis er wieder seinen Frieden gefunden hätte.

Wir hatten Schwierigkeiten, den Weg zu finden, denn wir waren an einem bestimmten Punkt zu weit hochgestiegen und hatten dadurch die Spur völlig verloren. Die Sicht war schlecht und das Gelände sehr feucht. Nachdem wir eine Weile verloren im Nebel herumgeirrt waren, beschlossen wir, an die Küstenlinie zurückzukehren. Dies führte uns glücklicherweise wieder auf einen guten Pfad.

Auf einem Teil der Strecke stiegen wir zu einem Strand hinunter, wo wir ganz gelben Sand vorfanden. Noch nie hatte ich Sand in einem solchen Farbton gesehen, und an diesem Ort, im Reich des Vergessenen und Unbekannten, war das eine sehr schöne Überraschung. Schade, dass das Wetter schlecht und es schon spät war, sodass die Bedingungen nicht gut genug waren, um zu fotografieren oder zu filmen. Aber die besten Bilder sind sowieso jene, die wir tief in unserer Erinnerung aufgezeichnet haben.

Obwohl wir gerne noch einen Moment an diesem einsamen Strand geblieben wären, mussten wir unsere Reise fortsetzen. Dem Wind und der Flut trotzend, suchten wir die Spur der beiden Reiter. Wir konnten sie nicht finden und hatten keine Idee, wo sie sein könnten. Es war schon spät, der *rancho* war noch immer nicht in Sichtweite, und wir fanden uns langsam mit dem Gedanken ab, das Zelt aufstellen zu müssen. Der Tag war auch nicht gerade vorteilhaft, der Himmel gräulich und die Nacht brach schnell herein. Genau in dem Moment, als unser letzter Funken Hoffnung erlöschen wollte, konnte ich in der Ferne, in der Tiefe des Waldes, den schwachen Glanz eines Feuers ausmachen. Und dann, einmal mehr, das übliche Ritual: der *rancho*-Ruf, eine gegenseitige Umarmung und die Feier eines weiteren Triumphes, den wir bei der Bewältigung der vielen Herausforderungen, mit den wir jeden Tag konfrontiert wurden, erreicht hatten. Unsere Strategie an diesem Tag hatte, wie schon einige Male, zum Erfolg geführt. Wir gingen unaufhörlich weiter, den Hindernissen trotzend, und nahmen jede Situation hin, ohne den Glauben an uns selbst zu verlieren.

Die *gauchos* hörten unser Geschrei, und sofort kamen sie uns entgegen. Bevor wir den Unterstand erreichten, mussten wir einen letzten Fluss überqueren. Das Wasser reichte uns bis etwas über die Knie. Als diese Hürde genommen war, sahen wir etwas, das uns unter diesen Umständen ziemlich lustig erschien: Als wir den letzten Hang zum besagten Nachtlager hochgingen, kickte Pati einen Ball herum, den er an der Küste gefunden hatte. Das Unglaubliche daran war, dass er dies während dem Laufen und in völliger Dunkelheit tat.

Wir waren glücklich. Müde, aber zufrieden und dankbar, dass wir einmal mehr auf so liebenswürdige Leute gestossen waren. Der *rancho* war nicht der beste, eigentlich war sein Zustand ziemlich prekär: Er bestand nur aus ein paar Stämmen, die mit mehreren Plastikplanen bedeckt waren, die jedoch den Regengüssen nicht standhalten konnten. Aus diesem Grund nannten wir den Ort „Plastik-Rancho". Das Beste am Unterstand war die Feuerstelle. Die Flammen dehnten sich zwischen einigen grossen Steinen aus und erinnerten mich in gewisser Weise an ein Kaminfeuer eines grossen Hauses.

Die Gesellschaft von Pati und dem Correntino war mehr als Grund genug, zufrieden zu sein. Auch Leo schien sich wieder mit sich selbst versöhnt zu haben und überraschte uns sogar mit ein paar Spässen, was mich sehr freute.

Wir assen Reis mit Fleisch, das Leo und ich gekocht hatten. Die Nachspeise bestand aus ein bisschen Fleisch eines Guanakos[4], das

---

4. Das Guanako (*Lama guanicoe*) ist eine der beiden wildlebenden Kamelformen der Neuen Welt und nach Ansicht vieler Zoologen die wilde Stammart des domestizierten Lamas (*Lama glama*) und evtl. auch des Alpakas.
Die Mehrheit der Guanakos auf Feuerland sind im Zentrum, im Norden und im Osten der Isla Grande vorzufinden.

Patis Hunde gejagt hatten. Es schmeckte besser als ich dachte. Es war gut, aber ein bisschen zäh.

Mit dem Überdach unseres Zeltes bauten wir eine Art Regenschutz, der aber die ganze Nacht herunterfallen wollte. Wir schliefen zu dritt in einem Bett aus Stämmen. Wie gewöhnlich legte ich mich etwas früher schlafen als die anderen beiden. Langsam schlief ich ein und hörte nur noch das sanfte Geräusch der Regentropfen, wie sie auf das Dach prasselten.

5
Allein auf der Welt

Vom Plastik-Rancho zur Bucht Buen Suceso

Vor uns erschien der Wald
wie eine feste Mauer, ohne Durchgänge,
ohne Ausgang oder Öffnung.
Er umringte uns auf allen Seiten, in jeder Richtung,
sodass wir uns zwischenzeitlich
weder vorwärts noch zurück bewegen konnten.

JULIO POPPER

TAG 11

Nach ein paar guten *mates* trafen wir alle Vorbereitungen zum Aufbruch. Pati und der Correntino würden uns einige Kilometer begleiten; dann würden sie wieder in Richtung Sloggett zurückkehren. Es machte mich traurig, auf die Gesellschaft der *gauchos* verzichten zu müssen. Sie hatten sich so gut um uns gekümmert, dass es mir schwer fallen würde, mich von ihnen zu trennen. Aber so war es nun mal, sie mussten ihren Weg gehen und wir den unseren – unterschiedliche Ziele und entgegengesetzte Richtungen.

Wir liefen etwas weniger als eine Stunde mit ihnen. Bevor wir weitergingen, gab uns Pati noch die letzten Anweisungen zum Gelände. Dann wollten wir uns verabschieden, aber Pati meinte, fast gewaltsam: „Geht, ich mag keine Abschiede“. Ich erinnere mich sehr genau an seine Worte und den Ausdruck, den er dabei hatte. Sein harscher Blick, seine Augen, verloren am Horizont, und sein herrisches Auftreten, das eines unbekannten Abenteurers, der nicht gegen Windmühlen kämpft, sondern gegen die Feindseligkeit des Wetters und die Kraft der Natur. Der Abschied von diesen zwei grossen Helden, die es gewagt haben, dem Lauf der Zeit und den Grenzen der Vergessenheit zu trotzen, war eine bewegende Szene.

Wir gingen weiter, und nach etwa hundert Metern schaute ich nochmals zurück, um ein letztes Mal einen Blick auf die Umrisse der beiden Reiter zu werfen, die sich derart für unser Schicksal eingesetzt hatten.

Dies war der erste Tag, an dem ich mich sehr müde fühlte. Ich hätte nicht gedacht, dass mir dies passieren könnte. Ich fühlte mich schwach, und je mehr ich versuchte, je mehr Kraft ich aufwendete, um in einem guten Rhythmus vorwärts zu kommen, desto mehr fühlten sich meine Beine an wie Blei, wie wenn sie mich in der Erde verankern würden. Es fiel mir sehr schwer, mich zu bewegen, und für Momente dachte ich, ich würde es nicht schaffen. Aber ich habe die Hoffnung nie verloren, und so ging ich langsam aber stetig vorwärts. Dieses Mal mussten Juan und Leo auf mich warten, und dieser Umstand versetzte mich ein bisschen in die Rolle von Leo, auf den wir wegen seiner Schmerzen manchmal auch warten mussten. Das Gute daran ist, dass ich etwas Wichtiges dabei lernte: Niemals darf jemand allein gelassen werden; wenn einem Teilnehmer der Expedition etwas zustösst, wenn ein Schmerz ihn am Vorwärtskommen hindert, dann müssen seine Kameraden bei ihm bleiben, ihm beistehen und ihm Mut machen. Denn wenn man so weit weg von allem und allen ist, ist das menschliche Element der beste Treibstoff, um Kilometer um Kilometer hinter sich zu lassen. Die Einsamkeit, die Freundschaft und der Zusammenhalt zwischen den Teilnehmern entwickeln sich zu Säulen, die das Fundament des Erfolgs oder Misserfolgs eines Abenteuers bilden. Ein Lächeln, eine Umarmung oder ein aufmunterndes Wort, und wenn es noch so unbedeutend erscheint, kann über Ankommen oder Aufgeben entscheiden.

Wir kamen an diesem Nachmittag nicht bis zur Estancia Puerto Español, wie wir es vorgesehen hatten. Die Nacht brach herein und wir sahen uns gezwungen, am Rand eines kleinen Waldes zu campieren. Es hatte zu regnen begonnen. Leo machte Feuer, aber durch das schlechte Wetter konnten wir es nicht wirklich geniessen. Ich kümmerte mich darum, eine Suppe zuzubereiten und benutzte dafür den Benzinkocher. Zu erkennen, dass ich trotz meines schlechten Tages und meiner Verfassung immer noch nützlich war für die Gruppe, munterte mich wieder ein bisschen auf. Und so muss es sein, wir waren ein Team und wir mussten zusammen weiter gehen. Jeder von uns hatte seine Stärken und Schwächen, wir bildeten eine Einheit, die dazu fähig war, die schwierigsten Hindernisse zu bewältigen. Wir blieben im Zelt und genossen das Essen und die Gespräche. Es wäre schön gewesen, noch am Feuer zu verweilen, aber es regnete immer noch ziemlich stark.

TAG 12 An diesem kalten Morgen notierte ich in mein Tagebuch:

„Der Tag war nicht gerade freundlich. Vom wärmenden Schlafsack aus waren die Regentropfen zu hören, die auf das Zelt trommelten. Aber so ist nun mal das Leben des Wanderers. Er muss raus, muss sich die nassen Kleider anziehen und den ganzen Tag über im Nassen gehen. Alles nur für ein einziges Ziel…“.

Es war wirklich hart, am Morgen aus dem Zelt zu kommen. Gewöhnlich hatte es über Nacht gereift, und der Schock, den man verspürte, wenn man aus der Wärme des Zeltes in den kalten Winter heraustrat (und als ob dies nicht schon genug wäre, auch noch mit nasser Kleidung) war wirklich entmutigend. Wir gingen gegen zehn Uhr los, und nach ungefähr vierzig Minuten Marsch konnten wir in der Ferne den Umriss des Leuchtturms San Gonzalo ausmachen. Dort angekommen, fanden wir, wie Pati es uns angekündigt hatte, eine Gedenktafel vor, die von einem Pionier namens Pedro Ostoich errichtet wurde. Sie war seiner Frau gewidmet, der ersten Siedlerin an diesem verlassenen Ort. An diesem Punkt fühle ich mich verpflichtet, kurz innezuhalten und ein bisschen vom Leben dieser Leute zu erzählen. Ich hätte ein schlechtes Gewissen, wenn ich diesen lebenden Teil Geschichte leugnen oder vergessen würde. Denn die Bucht Aguirre und den Leuchtturm San Gonzalo zu nennen, bedeutet gleichzeitig, die Leiden von Pedro Ostoich zu erzählen, dieses gutmütigen Mannes, der auf der Suche nach einer glücklichen, wenn auch ungewissen Zukunft zu einem Abenteuer in die Einsamkeit aufgebrochen war.

Von Patis Erzählungen über Ostoich und aus dem Buch, das dieser (im Alter von 94 Jahren!) geschrieben hatte, erhielt ich eine ziemlich umfassende Version seines ereignisreichen Lebens.

Nachdem er auf über zwanzig verschiedenen Estancias sowohl in Chile als auch in Argentinien gearbeitet hatte, beschloss Pedro Ostoich, dass er selbständig werden wollte. So zog er in die Nähe des Leuchtturms San Gonzalo in der Bucht Aguirre auf dem argentinischen Feuerland. Nichts hielt ihn fest; er war noch nicht verheiratet und wusste nur zu gut über die ländlichen Aufgaben Bescheid.

Später lernte er seine zukünftige Frau kennen, Duisa Ostoich. Sie hatte keine Probleme damit, ihm in dieses Leben fern von jeglicher Gesellschaft und Zivilisation zu folgen, denn diesen Mann zu heiraten bedeutete für sie, ihn an jeden Ort der Welt zu begleiten.

Mehr als acht Jahre verbrachte das Paar in dieser Gegend. Pedro verbrachte die Zeit, indem er wildes Vieh hütete, so genannte *baguales*, und mit der Zucht einiger Schafe, die er selbst hergebracht hatte. Währenddessen widmete sich seine Frau dem Stricken, besorgte die Hausarbeiten im *rancho* und kümmerte sich um die Kinder. Was für eine mutige Frau, ein solches Leben auf sich zu nehmen, an diesem Ort der tausendjährigen Stille und Vergessenheit!

Eine so tüchtige und gutmütige Frau verdiente Ehre, und ihr Ehemann selbst erbrachte sie ihr, indem er eine Gedenktafel zum Leuchtturm San Gonzalo brachte, im Alter von nicht mehr und nicht weniger als 88 Jahren. Ich konnte es kaum glauben, als ich von dieser Heldentat erfuhr. Um die Liebesbezeugung an seine Frau noch etwas besser zu veranschaulichen: Das ist der Brief, den Pedro Ostoich 1994 an das Ministerium der Marine geschickt hatte:[1]

„Villa Tesei, 17. Oktober 1994

Sehr geehrtes Ministerium

Hiermit bitte ich Sie um Erlaubnis, beim Leuchtturm San Gonzalo in der Bucht Aguirre in Ushuaia, Feuerland, eine Gedenktafel anzubringen.
Ich wäre Ihnen ausgesprochen dankbar, wenn Sie meinen Antrag gutheissen würden, denn es entspricht meiner grössten Sehnsucht, meiner Frau, die das Leben an diesem abgelegenen Ort mit mir teilte und mir vier Kinder schenkte, Ehre zu erweisen. Mit meinen 88 Jahren, mit meiner ganzen Bescheidenheit und in grosser Dankbarkeit für dieses Ministerium möchte ich erwähnen, dass das Schiff Patagonia 1950 mit einer einsamen Besatzung zum Leuchtturm San Gonzalo in der Bucht Aguirre gesegelt ist, um

---

1. OSTOICH, Pedro, *Un Solitario en Tierra del Fuego.* S.87.

meine Wollbündel aufzuladen und nach Buenos Aires zu transportieren, da ich aufgrund der Krankheit meiner Frau notfallmässig dort hin reisen musste. Die Tafel trägt folgenden Text:
„Im Gedenken an den Mut der ersten weissen Frau Argentiniens, Duisa María Ostoich de Ostoich. Verheiratet mit dem ersten Siedler, Pedro Ostoich. Geboren in Rojas, Provinz Buenos Aires, gestorben in Villa Tesei, Morón, am 15. Dezember 1968 im Alter von 48 Jahren nach lang erduldeter Krankheit. Ihr Mann und ihre vier Kinder."
Ich danke Ihnen für Ihre Aufmerksamkeit und freue mich auf Ihre Antwort.
Im Anhang finden Sie Fotokopien des Jahrbuchs, damit Sie den Grund meines Antrags nachvollziehen können.
Mein Name ist Pedro Ostoich. Ich lebe in (...), Villa Tesei, Morón, Provinz Buenos Aires, C. Postal (...)
Mit besten Grüssen
(es folgt die Unterschrift)

P.S. Die Tafel ist bereit. Es ist mein Wunsch, sie selbst dort anzubringen. Auch würde ich für die Kosten der Reise selbst aufkommen. Ich bitte Sie nur um Ihre Zustimmung. Herzlichen Dank."

Wie sollte man einen so edlen Antrag ablehnen? Wenn man im Leben auf Persönlichkeiten wie Pedro Ostoich trifft, fühlt man sich moralisch verpflichtet, vor ihnen den Hut zu ziehen. Denn sie sind die wirklichen Helden, Helden, die dafür gekämpft haben, ein entbehrungsvolles Leben in der Wildnis und in völliger Abgeschiedenheit zu führen.

Bevor wir diesen Ort hinter uns liessen, erbrachte ich Pedro und seiner Frau im Stillen meine Ehre dafür, dass sie hier in dieser Weise gelebt hatten.

Unser Weg führte weiter in Richtung Norden. Wie Pati uns gesagt hatte, mussten wir die „Gebirgskette der Anden" überqueren. Wir gewannen an Höhe, indem wir durch kleine Wälder stachen, die jedoch nicht sehr schwierig zu bewältigen waren. Nach etwas mehr als einer Stunde Marsch erreichten wir die Bergrücken. Von hier aus konnten wir die Bucht Aguirre und, noch wichtiger, die Estancia Puerto Español sehen. Wir waren sehr glücklich, konnten aber leider nicht lange verweilen: Juan hatte eisig kalte Füsse, und das einzige Mittel dagegen war, weiter zu laufen. Wir setzten uns nur einen kurzen Moment, um einen *mate cocido*[2] zu trinken. Als ich dann aber Juans Gesicht und seine angsterfüllten Augen sah, erschrak ich. Wir mussten weiter, durch einen dichten Wald und hinab bis zur Estancia.

Es war wie in einem Urwald. Tausende von Buchen und Winterrinden, gekreuzte Äste, Moos, alles vereint in einer feuchten und schlammigen Welt, in der es nicht einfach war, vorwärts zu kommen. Wir beschlossen, einem kleinen Bach zu folgen, wo die Vegetation nicht ganz so undurchdringlich war und es uns erlaubte, ein bisschen leichter voranzukommen. Ein Guanako sah, wie wir in sein Territorium eindrangen und verschwand rasch im Gebüsch.

Natürlich blieben wir nicht vor Ausrutschern und Stolpern verschont, manche Stürze gaben aber Anlass zum Lachen und hielten so die Stimmung in der Gruppe hoch.

Plötzlich fühlte ich, wie mein Gesicht flüchtig von einem leichten Luftzug, gestreift wurde. Inmitten dieses Dschungels war es unmöglich, dass der Wind auf diese Weise eindrang. Deshalb schloss ich darauf, dass wir in der Nähe der Küste sein mussten und dass das, was ich gespürt hatte, eine Meeresbrise war, die dem Verlauf des Baches folgte.

Glücklicherweise hatte ich Recht. Juan hatte dasselbe gedacht, aber keiner von beiden hatte gewagt, es auszusprechen, bis sich die Vermutung bestätigte, bis die Küste zu sehen und dieser Hauch des Ozeans erneut zu spüren war. Weiter westlich glaubten wir in der Ferne die „Höhlen von Gardiner" ausmachen zu können, aber wir hielten nicht an, da wir möglichst schnell nach Puerto Español kommen wollten.

An einem der Ufer des Flusses, der uns zur Küste führte, hatte ich zuvor eine Lichtung im Wald gesehen. Ich kehrte nochmals zurück, um das näher zu betrachten, lief ein paar Meter in den

---

2. *Mate cocido* ist eine Variante des *mate*, wobei er in einem herkömmlichen Teebeutel aufgegossen wird (Anm. d. Übers.)

kleinen Durchgang hinein und erkannte, dass es sich eindeutig um einen Weg handelte; ein *planchado* bestätigte meine Vermutung. Ein *planchado,* hatte uns Pati mit der Geduld eines Vaters für die scheinbar offensichtlichen Fragen seiner Kinder erklärt, bestand aus Stämmen oder Holzlatten, die waagrecht über den Boden gelegt wurden, einerseits um zu verhindern, dass Pferde oder das Vieh im Moor einsinken, andererseits, um zu gewährleisten, dass der Weg nicht durch die vorrückende Vegetation überwachsen wird und verloren geht.

Uns kam er natürlich sehr gelegen, denn er ebnete uns den Weg und liess uns schneller vorwärts kommen, als es über die Küste mit den vielen rutschigen Steinen möglich gewesen wäre.

Während einer halben Stunde folgten wir dem Weg durch den Wald, bis wir erneut an die Küste kamen. Während wir der Bucht entlang marschierten, sahen wir Überreste von Holzkonstruktionen, rostige *zorras*[3], zerstörte *ranchos,* verlassene Stege; alles Anzeichen auf die Aktivität eines alten Sägewerks und einer Fuchsfarm. Ich werde später nochmals auf seine Geschichte zurückkommen.

Wir wanderten der Meeresküste entlang, bis wir die Mündung des Flusses Bompland[4] erreichten. Er war an dieser Stelle sehr breit und schien tief, so dass wir zurückgehen und einen Umweg um eine Lagune machen mussten, von der uns der Correntino schon gesprochen hatte, an die ich aber bis zu diesem Moment nicht mehr gedacht hatte. Es kamen mir nun auch seine Anweisungen zum Überqueren des Flusses in den Sinn. Die beste Stelle, um ihn zu durchwaten, war auf Höhe eines ziemlich hohen Tors. Wir befolgten seinen Rat und das Wasser reichte uns kaum über die Hüfte.

---

3. *Zorras* waren kleine, starke Karren, die dazu dienten, grosses Gewicht zu transportieren. Sie wurden für den Transport der Holzstämme vom Wald zum Steg gebraucht, von wo jene für den späteren Verkauf weiter transportiert wurden.

4. Der rumänische Ingenieur Julio Popper hat diesem Fluss den Namen gegeben, zu Ehren des berühmten französischen Botanikers Amado Bonpland, der eine beachtenswerte Tätigkeit in Südamerika ausübte. In einem Grossteil der Karten wird der Fluss fälschlicherweise „Bompland" geschrieben. Er taucht aber auch unter dem Namen „Cook" auf, der ihm 1850 durch Allen Gardiner verliehen wurde und sich nicht auf den berühmten Reisenden sondern auf Wohltäterin der Mission bezieht.

Wir traten durch das Gatter ein, das uns den Weg markiert hatte. Endlich hatten wir die Estancia Puerto Español erreicht. Man hatte uns gesagt, dass an diesem Ort üblicherweise genug Lebensmittel vorhanden waren. Wir fanden einige Pakete Nudeln, Tee im Überschuss, Hefe und verschiedene Gewürze, aber nicht ein einziges Gramm Mehl. Dies war aber nicht weiter schlimm; allein die Tatsache, dass wir bei jenem Unterstand angekommen waren, war mehr als genug, vor allem, weil er sich in sehr gutem Zustand befand. Es hatte drei Zimmer, eine Feuerstelle und eine Küche mit Herd. Ausserdem gab es einen Tisch, Stühle und Matratzen. Dieses Haus diente früher als Unterkunft für die Arbeiter; der Hauptteil war einst einem Brand zum Opfer gefallen. Wir fühlten uns jedoch mehr wie wichtige Landbesitzer als wie Arbeiter. Die Viehweiden rund um die Estancia, die unendlichen Strände von unberührtem Sand und die dichten Wälder in der nahen Umgebung würden während unserem Aufenthalt in unserem Besitz stehen.

Zum ersten Mal auf der ganzen Expedition fanden wir ein Gästebuch. Darin las ich die Kommentare von Osvaldo Bianchi,

Alte Maschinerien des früheren Sägewerk in der Bucht Aguirre.

Carlos Vairo und Ángel de Andrés. Viele der Besucher der Estancia waren mit dem Segelschiff hierher gelangt; die etwas kühneren zu Fuss, wie beispielsweise Ángel de Andrés.

Es tat gut, die Berichte jener zu lesen, die diese Gegenden vor uns besucht hatten. Verschiedene Geschichten, wenn auch alle verbunden mit einer tiefen Liebe zur Natur und zur Entdeckung entfernter, praktisch unerforschte Horizonte.

Ich ging nicht sehr spät ins Bett; obwohl für den nächsten Tag ein Ruhetag eingeplant war, wollte ich ihn trotzdem nutzen. Ausserdem hatte ich noch eine offene Rechnung mit den „Höhlen von Gardiner“.

TAG 13 Als ich erwachte, konnte ich durch ein Fenster die romantischen Farben eines Morgenrots beobachten, wie man sie wahrscheinlich für immer in Erinnerung behält. Ich habe reichlich gefrühstückt und ging mit den anderen zwei an die Küste. Wir verweilten einen Moment in der Stille und genossen die Sonnenstrahlen, das Murmeln des Meeres und den Gesang der Winde. Ich wollte diesen Tag nutzen, um die „Höhlen von Gardiner" zu besuchen. Dies bedeutete, zurückzukehren und den Bompland nochmals zweimal zu durchwaten. Da Leo und Juan nicht dazu bereit waren, musste ich diesen Ausflug alleine unternehmen.

Um zwölf Uhr marschierte ich los. Es war ziemlich kalt, weshalb es etwas unangenehm war, schon nach wenigen Minuten den Fluss überqueren zu müssen. Ich brauchte einen Moment, bis mir wieder warm wurde. Um dies ein bisschen zu beschleunigen, lief ich schnellen und kräftigen Schrittes, und zog mir Handschuhe und eine Mütze an. Bevor ich aber mit meiner Erzählung fortfahre, halte ich es für nötig, eine kleine Zeitreise zu machen und auf die Geschichte der Bucht einzugehen. Sie ist seit 1791 unter dem Namen Aguirre bekannt. Der Schiffsleutnant Juan José de Elizalde benannte sie in diesem Jahr nach seinem Cousin, Pedro de Aguirre. Fast alle Informationen, die ich über diesen Ort gefunden habe, entnahm ich den erzählten Erlebnissen von Pedro Ostoich, der, wie schon erwähnt, einer der ersten Siedler dieser Bucht war. 1940 liess sich hier die SADICCAP (Argentinische Industrie-, Handels-, Jagd- und Fischereigesellschaft) nieder. Ihre Gründungsmitglieder, Leutnant Koronel Sánchez Reynafé und Augusto Huber, tätigten in der Bucht Aguirre und der Bucht Thetis Investitionen. Es wurde Fett von Seelöwen gewonnen, welches mehrheitlich für die Lederindustrie verwendet wurde. Man brauchte das Öl aber auch als Schmiere für die schweren Maschinen. Leider hatten die Felle jedoch keinen hohen Marktwert im Vergleich zu denen anderer Länder, da sie aufgrund von Kämpfen unter den Tieren stark vernarbt waren.

Von der Entwicklung ihrer Unternehmungen nicht ganz überzeugt, gründeten die Mitglieder der Gesellschaft dann eine Fuchsfarm. Sie züchteten Weiss-, Blau-, Rot- und Silberfüchse,

Kreuzungen sowie Nerze. Einige Exemplare wurden von einer weiteren Einrichtung geliefert, welche sie in der Provinz San Juan führten, während andere aus Nordamerika, aus Thiensville, Wisconsin, kamen. Die neue Initiative scheiterte jedoch auch, da die Tiere aufgrund mangelnder Versorgung an Rachitis erkrankten.

Die zwei gewagten Unternehmer hatten also noch nicht die gewünschte Rentabilität erreicht, weshalb sie beschlossen, neue Alternativen auf den Markt zu bringen, wie Pedro Ostoich in seinem Buch beschreibt[5]:

„Schliesslich scheiterte die Fuchszucht und damit ihre Visionen, worauf sie in die Holzindustrie einstiegen. Sie setzten eine Zugmaschine als Triebkraft ein, eine Kreissäge von einem Meter dreissig Durchmesser, einen vier Meter langen Karren, drei runde Schleifmaschinen und einen Stromgenerator für die Beleuchtung.

Sie arbeiteten mit Buchenholz und fällten pro Jahr etwa dreitausend Bäume. Die Arbeit begann 1950. (...) Das Personal betrug zwischen dreissig und vierzig Personen, und es war abzusehen, dass sich hier ein kleines Dorf bilden würde. Das Holz wurde mit dem Kutter Garibaldi nach Ushuaia gebracht, von wo es mit den Transporten der Kriegsmarine in die Hauptstadt geschifft wurde.“

Aber auch dieses letzte Unternehmen scheiterte, da die Mitglieder der SADICCAP zu hohe Summen für den Transport der ganzen Installationen bezahlen mussten. Vor allem aber führten viele Zwischenfälle, wie der Verlust eines Grossteils der Fracht durch das schlechte Wetter, zum Misserfolg der Initiative.

Es ist zu erwähnen, dass die Gesellschaft 1950 ein Gebäude zur Errichtung eines Polizeipostens erbaut hatte[6]. Es wurden sogar Beamten der Gebietseinheit hierher versetzt. Heute sind aber kaum mehr Spuren dieser Glücksversuche zu finden. Man sieht nur noch die eingestürzten Holzkonstruktionen, zersetzt von der feuchten Brise des Meeres, den Elementen der Natur und dem Lauf der Zeit.

---

5. OSTOICH, Pedro, ob cit. S.57.

6. Ich hatte die Gelegenheit, das Amtsbuch der besagten Einheit im Archiv des Museo del fin del mundo einzusehen. Darin sind die Landungen der Transporte Richtung Ushuaia, die Ablösungen, die Verlegungen von Personen, die Inspektionen der Polizeibeamten und die Neuigkeiten im Zusammenhang mit den Entwicklungen der wirtschaftlichen Aktivitäten vor Ort registriert.

Ich betrat einige dieser *ranchos*. Überall fand ich nur das schreckliche Bild der Zerstörung und des Verlassens vor, neben den Inschriften der Reisenden, die hier durchgekommen waren. In einer der Hütten war ein Schild mit der Aufschrift „Kapitän Garibaldi“ zu sehen. Dies war der ehemalige Polizeiposten, von dem ich erzählt habe.

Während ich so der Küste entlangging und dieses Panorama betrachtete, stellte sich mir die Frage, ob diese alten Häuser als Unterschlupf für die Wanderer und Reisenden wieder aufgebaut werden sollten, oder ob man sie so lassen sollte, als stumme Zeugen der Geschichte und des Laufs der Zeit. Ich habe noch keine Antwort darauf gefunden. Ich könnte noch lange darüber berichten, dafür ist jetzt aber hier kein Platz. Ich muss mit der Erzählung fortfahren und von Allen Gardiner berichten, einem englischen Missionär, der in den Höhlen, die sich nun vor mir präsentierten, Zuflucht gesucht hatte und an Erschöpfung gestorben war.

Der Kapitän Allen Gardiner diente während Jahren der königlichen Marine Englands. 1834, nach dem Tod seiner Frau, kehrte er den Waffen den Rücken zu und vertraute sich dem Wort Gottes an; von diesem Moment an widmete er sich bis zu seinem Tod dem Verkünden des Evangeliums. Sein Leben der geistlichen Eroberung verschrieben, reiste er um die ganze Welt. Er war in Südafrika, Neu Guinea, Bolivien, Chile und Argentinien. Er war einer der ersten Gründer der Missionarsgesellschaft Patagoniens.

Schliesslich zog es ihn nach Feuerland. Erst 1848 gelangte er an die Küsten der Insel, jedoch war auch diese Reise nur von kurzer Dauer, da die Vorräte knapp wurden und er gezwungen war, nach England zurückzukehren. Nur zwei Jahre später konnten Allen Gardiner und sechs Begleiter (Richard Williams, John Maidment, Joseph Edwin, John Badcock, John Bryant und John Pearce) Kurs Richtung südlichen Atlantik aufnehmen, an Bord des Segelschiffs *Ocean Queen*. Sie hatten ausserdem noch zwei Kähne von acht Metern Länge, zwei Rettungsboote und Proviant für sechs Monate dabei. Am fünften Dezember des gleichen Jahres legten sie bei der Insel Picton in der Bucht Banner an. Am 19. Dezember fuhr die *Ocean Queen* weiter und liess die Missionäre allein zurück. Ich stelle mir die Szene vor, wie die

Seeleute jenen Männern, die sich für die Verbreitung des Wort Gottes aufopferten, zum Abschied winkten. Sie waren die letzten, die sie lebend gesehen hatten.

In der Bucht Banner stiessen sie auf zahlreiche Ureinwohner der Ethnie der Yamanas, welche sich ziemlich kriegerisch zeigten. Es war unmöglich, eine Beziehung zu ihnen aufzubauen, da ihr Verhalten immer bedrohlicher wurde. Deshalb waren die Missionäre gezwungen, Richtung Osten zu fliehen. Da es aber schwierig war, mit derart grosser Last zu segeln, beschlossen sie, einen guten Teil ihrer Vorräte zu vergraben. So erreichten sie Puerto Español. Gardiner hatte diesen Ort ausgewählt, weil er weit entfernt und knapp an natürlichen Ressourcen war. Aus diesem Grund war es anzunehmen, dass die Ureinwohner diese Gegend nicht aufsuchen würden. Und so war es auch.

Während eines grossen Gewitters verliessen die Missionäre ihre Kähne und suchten Schutz in einer Höhle an der Küste. Ein paar Tage später kehrten sie nach Banner zurück, um die zurückgelassenen Vorräte zu holen und ein Zeichen zu hinterlassen, für den Fall, dass ein Schiff hier vorbeikommen würde. Sie vergruben ein paar Flaschen, worin sie Notizen mit der Bitte um Hilfe und Angaben über ihren Standpunkt hinterliessen. Ausserdem stellten sie Pfähle auf und malten darauf mit weisser Farbe folgende Inschrift:

Dig Below
Go to Spaniard Harbour
March
1851[7]

Dann kehrten sie nach Puerto Español zurück. Wenn das Wetter es erlaubte, blieben sie in ihren Booten; sonst mussten sie in der Höhle Unterschlupf suchen. Die Vorräte wurden immer knapper, und zu allem Unglück kam auch noch dazu, dass sie einen Grossteil des Schiesspulvers auf der *Ocean Queen* vergessen hatten; diese Nachlässigkeit nahm ihnen jede Möglichkeit, durch Jagd Nahrung zu beschaffen.

---

7. Graben Sie hier, gehen Sie nach Puerto Español, März 1851.

Einer nach dem anderen erlagen sie dem langsamen und dunklen Tod. Alle würden sie ums Leben kommen, doch obwohl sie sich dessen bewusst waren, verloren sie niemals die Hoffnung. Mit stoischer Ruhe widmeten sich die Missionäre dem Schreiben ihrer Tagebücher. Darin zeichneten sie ihre Gedanken, ihre Sehnsüchte und ihre letzten Worte auf. Ihre Körper brachen nach und nach zusammen, aber ihre Seelen und ihre Herzen brannten weiter; der Glaube hielt sie rein und ganz bis zum Übergang ins andere Leben.

Entgegen meiner Erwartungen war es nicht so schrecklich, die Tagebücher jener Leute zu lesen. Im Gegenteil, sie vermittelten eine lobenswürdige Ernsthaftigkeit, wie beispielsweise jenes von Ricardo Williams, der seinen letzten Brief mit folgenden Worten abschliesst[8]: *„Ich bin glücklicher als ich es ausdrücken kann."*

Gardiner starb als letzter, während er versuchte, sich vom Boot zur Höhle zu schleppen, um noch einen Überlebenden zu finden. Seine letzten Einträge verdienen es, hier erwähnt zu werden[9]:

„5. August, Freitag. – Gross und wunderbar ist die Gnade und Liebe meines gütigen Gottes. Ich habe mich bis jetzt erhalten, über vier Tage ohne Nahrung für meinen Körper, doch ohne jegliches Gefühl von Hunger oder Durst."

Erst am 22. Oktober stiessen die Seeleute von *John Davidson* auf den grauenvollen Anblick. Unter ihnen befand sich, damals als Offizier, der argentinische Seefahrer Luis Piedrabuena, der später weltweit als Retter von Dutzenden von Schiffbrüchen bekannt wurde.

Das war das Ende von Gardiner und seinem Traum. Die evangelisierende Arbeit auf Feuerland wurde durch andere Missionäre wie Stirling und Thomas Bridges weitergeführt, über viele Jahre dehnte sie sich aber nicht aus; die Ethnie der Yamanas war zum Aussterben verurteilt...

Die Ausrottung der alten Kanufahrer hat viel mit der Ankunft des weissen Mannes auf Feuerland zu tun. Auch wenn es keine gross angelegten Tötungen gab, wie es bei anderen indigenen

---

8. BRIDGES, Lucas (1978), El último confin de la tierra. Buenos Aires: Marymar. S.32.

9. CANCLINI, Arnoldo (1951), Hasta lo último de la tierra. Buenos Aires: La Aurora. S.90.

Bevölkerungen auf der Welt geschehen war[10], führte die Ankunft der Europäer doch zu ihrem völligen Verschwinden. Die Ankunft vieler kommerzieller Seelöwen-Jäger, hier *loberos* genannt, auf dem feuerländischen Archipel bewirkte einen grossen Rückgang in der Population dieser Tiere, welche eine wichtigen Teil in der Nahrungskette der Yamanas waren. Die Seelöwen machten das Hauptnahrungsmittel der Nomaden des Meeres aus; denn der hohe Fettgehalt ihres Fleisches verhalf ihnen zu einer besseren Körperwärme[11]. Man muss bedenken, dass die Ureinwohner das ganze Jahr hindurch, auch in den Wintermonaten, nackt waren.

Der Hauptgrund, der zu einem fast völligen Verschwinden der Yamanas führte, war aber das stete Einbringen von Krankheiten durch den weissen Mann. Die Schwierigkeiten der Yamanas, die Gewohnheiten der Europäer anzunehmen und sich daran anzupassen, verstärkten diesen Prozess zusätzlich. Mit den Worten eines Mannes, der direkten Kontakt mit den ursprünglichen Völkern Feuerlands hatte[12]:

„In der Zeit, während der die erste Missionärsstation in Ushuaia errichtet wurde, begann das grosse Aussterben der Yamanas. Grausame Epidemien, die niemand bekämpfen konnte, waren ein tödlicher Schlag für die Gesamtheit des Volkes und bewirkten eine schnelles Zusammenbrechen seiner Stämme. Später war es auch der Alkohol, der seine ausrottende Wirkung tätigte, und die Anpassung der Ureinwohner an die europäische Lebensweise untergrub schliesslich ganz ihre Abwehrkräfte.

Und Gusinde zitiert in seinem Werk einen der Missionäre von Ushuaia, John Lawrence, der am 3. Januar 1885 bestätigte, dass *„seit der Ankunft des ersten Segelschiffes, fünf oder sechs Jahre zuvor, die Ureinwohner immer wieder von Krankheiten geplagt wurden: Vor dieser Zeit waren lange Epidemien und vorzeitige Todesfälle sehr selten."*[13]

---

10. Man kann nur beschränkt von direkten Verfolgungen und Tötungen der Einheimischen durch die Europäer sprechen. Und wie Gusinde erwähnt, gab es hier keinen Vorwand für die Ausrottung der Ureinwohner des feuerländischen Archipels, denn die Habgier des weissen Mannes fand keine bestimmten Motive für ihre Verfolgung.

11. Die Wissenschaftler der Mission Scientifique du Cap Horn (1882-1883) konnten durch verschiedene Messungen beweisen, dass die Yamanas eine höhere durchschnittliche Körpertemperatur hatten.

12. GUSINDE, Martín, Los Indios de Tierra del Fuego, Centro Argentino de Etnología Americana, Buenos Aires 1986, Band II, S.326.

13. LAWRENCE, John, in: Gusinde, Martín, ob. cit., S.328.

Ein weiterer Eingriff der Missionäre in das Leben der Yamans war, dass sie sie dazu zwangen, europäische Kleidung zu tragen. Um dieses Konzept näher zu erklären, greift man am besten erneut auf Gusinde zurück[14]:

„Die Europäer, die mit den besten Absichten glaubten, den feuerländischen Bewohnern in ihrer Not helfen zu müssen, beschafften ihnen reichlich Kleidung. Sie irrten sich aber und hatten die natürliche Anpassung der Ureinwohner an ihre raue Umgebung falsch eingeschätzt. Deren Nacktheit war für sie viel gesünder, denn auf diese Weise war ihr ganzer Körper dem wohltuenden Feuer ausgesetzt. Der Schutz der ärmlichen Kleidung der Europäer war fraglich und zudem auch immer beeinflusst von Vorurteilen, die die wenigen Vorteile wieder aufhoben. Ich kann keinen wirklichen Vorteil nennen, den unsere Kleidung den Ureinwohnern gebracht hätte, wohl aber viele ihrer vorherigen Nacktheit, in welcher sie sich über Jahrhunderte stark, gesund und glücklich erhalten haben."

Auch wenn es vielleicht keine schlechte Absicht der Europäer war, so hatte ihr Kontakt mit den Einheimischen trotzdem einen negativen und unwiderruflichen Effekt, der zum völligen Verschwinden der Ethnie der Yamanas führte. Aber wie so oft in der Geschichte der Gesellschaft können auch die besten Absichten die schlimmsten Katastrophen auslösen.

Nach all dem war es klar, dass die Yamanas nicht bereit waren, nach der Art der Engländer zu leben; im Gegenteil, deren Ankunft auf der Insel war, wie schon erwähnt, völlig kontraproduktiv. Die Gewohnheiten der Europäer bewirkten bei den Yamanas nur den Verlust ihrer Identität. Mit der Zeit würden die Entwicklung der Mission und später der Fortschritt der Stadt Ushuaia zum unwiderruflichen Verlust aller Spuren der Existenz dieser ursprünglichen Völker führen.

Zurück zu meiner Geschichte. Ich muss erwähnen, dass ich mich so nah wie möglich an die Höhlen herangewagt hatte, leider war es aber nicht möglich, hinein zu gehen, da Flut war und das Meer mich davon abhielt.

Zu meinem Trost fand ich in der Nähe ein paar Kreuze. Darunter waren zwei Tafeln angebracht: eine der Katholischen

---

14. GUSINDE, Martín, ob. cit., S.336.

Kirche und eine weitere der Salesianischen Mission. Beide erinnerten an das Martyrium von Gardiner und seinen Leuten.

Meine Seele war zufrieden; ich hätte es mir nicht verziehen, diese Stelle nicht aufgesucht zu haben, insbesondere aufgrund der Geschichte dahinter. Durch die grosse Bedeutung der Bucht Aguirre und der „Höhlen von Gardiner" hat die Regierung des Landes diese Gegend 1984 zum „Nationalhistorischen Ort" erklärt[15].

Wahrscheinlich war die zweifache Überquerung des Flusses Bompland der Preis dafür, an diesen so besonderen Ort der Welt zu gelangen. Und ich glaube, man kann sagen, dass er mehr als gerechtfertigt war. Als ich nach Puerto Español zurückkam, fühlte ich mich wieder wie zu Hause. Während einem *mate* erzählte ich Juan und Leo von meiner Exkursion zu den Höhlen.

Den Rest des Tages verbrachte ich mit Fotografieren und Ausruhen. Ausserdem widmeten wir uns auch ein bisschen der Literatur: Zuerst lasen wir ein Buch mit dem Titel *Las Botas de Anselmo Soria* (Die Stiefel von Anselmo Soria), welches wir im Haus gefunden hatten und das der einzige Band der lokalen Bibliothek war. Später fuhren wir mit dem *Martín Fierro* und seinen unvergesslichen *payadas*[16] fort.

Während der Nacht musste ich einmal aufstehen, um auf die Toilette zu gehen. Ich trat ins Freie und wurde von einem unglaublichen Sternenhimmel überwältigt. Es schienen viel zu viele Sterne für ein einziges Firmament. Wie eine einmalige Zeichnung: Millionen von kleinen, weiss schimmernden Punkten, die im Kontrast zu ihrem bläulichen Hintergrund standen. Aber diese winzigen Lichter waren in Wirklichkeit Teile eines komplizierten Puzzles von Sternsystemen und fernen Galaxien, hunderte Millionen Lichtjahre von unserem Planeten entfernt.

Ob es in irgendeinem Winkel jenes beleuchteten Ozeans wohl Leben gab? Existierten vielleicht Wesen, die damit beauftragt waren, dieses Leuchten zu erhalten? Während eines Moments,

---

15. Die entsprechende Verfügung zur Erklärung ist die Nummer 3806 des Jahres 1984 und beinhaltet die Region von der Bucht Aguirre bis und mit den „Höhlen von Gardiner".

16. Payadas sind eine Art Wettstreit zwischen zwei Sängern, wobei einer den Auftakt macht und ein Lied in Versform singt, begleitet von der Gitarre, und sein Gegner versucht, ihm ebenfalls mit einem Lied Antwort zu geben. (Anm. d. Übers.)

flüchtig wie eine Sternschnuppe, stellte ich mir eine verlorene Seele im Weltraum vor, die sich die gleichen Fragen stellt, während sie in der Stille diese blaue Kuppel voller Glühwürmchen betrachtet.

Vielleicht haben sich unsere Gedanken irgendwo im Universum getroffen. Ich weiss es nicht, aber zur Sicherheit habe ich einen Gruss zum Himmel geschickt, bevor ich mich wieder schlafen legte.

TAG 14 Ich habe sehr gut geschlafen. Mit den ersten Sonnenstrahlen begannen wir, unsere Rucksäcke zu packen. Währenddessen bemerkte Leo, dass er zwei Liter Gas für den Gaskocher verloren hatte; dies hatte zur Folge, dass wir seinen Gebrauch auf das Nötigste würden reduzieren müssen. Um viertel vor eins verabschiedeten wir uns von Puerto Español mit dem Verspechen, eines Tages wiederzukommen. Kaum hatten wir die Wanderung aufgenommen, trafen wir auf ein paar zerstörte Gebäude. Man hatte mir gesagt, dass sie vor einigen Jahren niedergebrannt waren und dass eines davon das Haupthaus der Estancia gewesen war.

Ich dachte, dass das Vorwärtskommen an diesem Tag schwierig sein würde. Zu unser aller Überraschung fanden wir aber einen festen Weg. Bevor wir den Leuchtturm Elizalde erreichten, entdeckten wir ganz in unserer Nähe zwei Kondore. Sie in der Stille gleiten zu sehen war wunderschön. Leider verschwanden sie zu schnell wieder am Horizont, sodass ich keine Zeit hatte, ihren Flug mit der Kamera festzuhalten.

Als wir an den Ort kamen, wo der Leuchtturm stationiert war (wir hatten in der Nacht zuvor herausgefunden, dass er nicht funktionierte), gönnten wir uns eine kurze Pause um einen *mate cocido* zu trinken und einen Moment auszuruhen. Die Stelle war jedoch sehr exponiert und wir mussten bald weitergehen, denn der frostige Herbstwind machte sich mehr und mehr spürbar.

Wir machten ein paar Fotos und Filmaufnahmen. Dann wanderten wir weiter, bis wir einen dichten Wald erreichten, den wir mit grosser Anstrengung durchquerten. Es hätte aber schlimmer sein können. Am Strand angekommen, schauten wir nochmals zurück, um den Weg, über den wir herabgestiegen waren, zu betrachten. Wir mussten lachen, als wir realisierten, dass es völlig unnötig gewesen war, in diesen Wald zu gehen, denn nun war noch eine weitere Lichtung zu sehen, durch die wir einfach hätten durchgehen können. So oder so, wir hatten das dichte Hindernis nun überwunden. Wir gingen weiter über den Sand bis wir hinter einem kleinen Berg einen *rancho* entdeckten. Das übliche Ritual für diesen Fall blieb natürlich nicht aus, es war sogar noch etwas begeisterter, da wir nicht von diesem Unterschlupf gewusst hatten.

Wir nannten ihn deshalb „Überraschungsrancho". Später erfuhr ich zwei Dinge über diesen Ort: Sein richtiger Name war „Erster Vorposten" und er war von einem gewissen Herrn Mernies, Besitzer der Estancia Puerto Español, errichtet worden. Trotzdem, jedes Mal, wenn ich von dieser Hütte spreche, die uns in dieser Herbstnacht so freudig aufgenommen hatte, brauche ich die Bezeichnung, die wir *Nomaden* ihr gegeben hatten.

Leo kümmerte sich um das Feuer, während Juan und ich uns aufmachten, Holz zu suchen. Nach einem einfachen, aber leckeren und nahrhaften Essen, das aus Suppe mit Nudeln bestand, überprüften wir unsere Rucksäcke. Dabei merkten wir, dass die Vorräte langsam knapp wurden, wodurch das Essen im Verlauf der Tage zunehmend an Bedeutung gewinnen würde. Wir waren aber in einem guten körperlichen Zustand und, was noch viel wichtiger war, unsere Herzen waren von der nötigen Freude erfüllt, um weiter zu gehen.

Nach dem Tee setzte überraschenderweise ein starker Regen ein. Und ich erinnere mich an eine witzige Anekdote im Zusammenhang damit. Jetzt, wo ich darüber schreibe und mich

Rancho Sorpresa. Bucht Aguirre.

in der Bequemlichkeit der Stadt an die erlebte Situation erinnere, kann ich darüber lachen. In jenem Moment aber war es fast schon ein tragisches und deprimierendes Ereignis. Ich musste nämlich feststellen, dass Wasser in den *rancho* gekommen war, dabei aber nur meine Sachen nass geworden waren. Es schien, als ob sich die Regentropfen gegen mich verschworen hätten. Unglaublich, wie die Zeit die Wahrnehmung von gewissen Dingen verändern kann; die bittersten Momente können zu den lustigsten Anekdoten werden. Wie in diesem Fall.

Wütend wollte ich schlafen gehen, aber die anderen beiden munterten mich auf und luden mich ein, noch ein bisschen *mate* am Feuer zu trinken. Ich verblieb noch einen Moment mit ihnen, wir plauderten und ich versuchte, die nasse Wäsche zu trocknen. Juan und Leo übermittelten mir ihre positive Energie, worauf ich mich wieder mit mir versöhnte und in Frieden einschlafen konnte.

TAG 15 Durch den rötlichen Glanz, der sich an diesem Morgen vor meinen Augen präsentierte, glaubte ich, dass es ein sonniger Tag werden würde. Ich hatte mich getäuscht; kurz bevor wir aus dem Zelt kamen, begann es zu regnen. Kaum hatten wir zu wandern begonnen, mussten wir schon einen Fluss überqueren, wodurch sich meine Füsse derart abkühlten, dass ich sie kaum noch spürte. Sie gehorchten nur noch den Befehlen meiner Beine; wenn es nach ihnen gegangen wäre, wäre ich an Ort und Stelle stehen geblieben. Es dauerte aber nicht allzu lange, bis sich meine Körpertemperatur wieder erholt hatte; im Gegenteil, eine halbe Stunde später mussten wir die Jacke ausziehen, da wir schwitzten.

Glücklicherweise konnten wir den ganzen Tag über einem festen Weg folgen. Dafür regnete es ununterbrochen. Wir waren völlig durchnässt und ich wollte einfach nur noch ankommen. In Wirklichkeit wusste ich aber nicht genau wo; ich wollte mich einfach vor diesem düsteren Himmel verstecken, der unsere Körper unaufhaltsam mit kräftigen Tropfen prügelte; ich wollte nur noch stehen bleiben und Unterschlupf suchen in einer jener unbekannten Hütten der wilden Küsten am Ende der Welt.

Es dauerte nicht lange, bis ich in der Ferne ein Tor ausmachen konnte, erwähnte aber noch nichts, bis ich mir ganz sicher war. Mit zunehmender Nähe gab es aber keinen Zweifel mehr. Wir hatten einen weiteren *rancho* erreicht, den *bagualero* von Pati, einen Unterstand, den er brauchte, wenn er wildes Vieh hütete. Objektiv gesehen war er weit von einem Schloss entfernt, für uns aber schien er wie ein viktorianischer Palast aus dem 19. Jahrhundert, erbaut auf einem Hügel mit dem Ziel, die Unermesslichkeit des Atlantischen Ozeans zu überblicken.

Ich zitterte vor Kälte und machte mich deshalb daran, ein Feuer zu entfachen. Ich glaube, Leo und Juan verstanden, dass ich wohl am meisten unter den Regenfällen gelitten hatte; vielleicht boten sie sich deshalb an, Holz suchen zu gehen. Es war harte Arbeit, die nassen Äste zum Brennen zu bringen. Dank unserer eisernen Beharrlichkeit schafften wir es aber trotzdem. Am Feuer konnten wir uns gut trocknen und den Körper wieder aufwärmen.

Im Innern befand sich der *rancho* in einem bedauerlichen Zustand: An vielen Stellen trat Wasser ein. Leo und Juan versuchten, das Dach ein wenig zu reparieren, um die heftigen Regengüsse wenigsten teilweise abzuwehren.

An diesem Nachmittag geschahen zwei Wunder. Erstens fanden wir eine volle Büchse Kaffee. Und zweitens lösten sich auch noch die Wolken auf und die Sonne schien auf einmal mit voller Kraft.

Ich versuchte, Kontakt mit einem Fischerboot aufzunehmen, das sich in der Nähe der Küste befand. Leider war aber die Batterie unseres VHF fast leer und ich konnte nicht die ganze Nachricht übermitteln. Damit sich die Leute des Schiffes nicht unnötig beunruhigten, riefen wir über Satellitentelefon die Küstenwache an. Wir meldeten, dass wir in Ordnung waren und baten den zuständigen Beamten, Ana, Leos Frau, zu informieren. Es war nicht einfach, den Leuten den Grund unserer Kommunikation zu erklären. Schliesslich verstanden sie aber, dass es sich um drei Verrückte handelte, die zu Fuss an diesen Ort gelangt waren und nun versuchten, über dieses Schiff, das gleich vor der Küste, auf der Höhe von Punta Colmillo, in der Bucht Aguirre segelte, Lebenszeichen an ihre Liebsten zu schicken.

An diesem Tag schlug Juan eine neue Strategie vor. Wir würden über Nacht abwechselnd Wache über das Feuer halten, um Brennstoff zu sparen und um am nächsten Tag früh losgehen zu können. Die Feuerstelle hatte keinen Abzug, weshalb sich so starker Rauch entwickelte, dass es uns in den Augen schmerzte. Solange wir ruhig am Feuer sassen war es nicht so schlimm, sobald wir aber aufstanden, wurde die Hitze unerträglich. Die Dunkelheit brach herein, und nach einem guten Abendessen war es Zeit für unsere Nachtschicht.

Zu dritt überlegten wir, wie lange es wohl dauern würde, die Bucht Valentín zu erreichen. Leo war am optimistischsten in dieser Hinsicht. Ich war lieber etwas vorsichtiger und schätzte ungefähr sechs Tage. In Wirklichkeit wusste es keiner von uns so genau.

Ich war für die letzte Schicht an der Reihe, von vier bis sieben Uhr morgens. Leo weckte mich für seine Ablösung mit einem heissen Tee, was mir einen schönen Einstieg in meine nächtliche Mission bereitete.

Während ich das Feuer beobachtete, nutzte ich die Zeit, um Tagebuch zu schreiben. Ich glaube, dass der warme Glanz jener Flammen in der dunklen Nacht mich zu folgenden Linien inspiriert hat:

Feuer, das du erleuchtest,
Feuer, das du wärmst,
Feuer, das du Funken
der Freude sprühst.

Dieses Gedicht ist für dich,
weil du Kraft ausstrahlst,
weil du die Musen inspirierst,
weil du die Herzen entflammst.

Mit deiner sanften Wärme
entzündest du
Leidenschaften
in kalten Herzen
und verlorenen Seelen.

Feuer von Jahrtausenden,
Feuer von Legenden,
deine Flammen erleuchten
den Weg der Gläubigen,
den Pfad der Guten,
den Gang der Ehrgeizigen.

Feuer der Lieder,
du warst Zeuge
von Millionen von Emotionen,
von Freuden und Feiern,
von Tränen und Klagen.

Feuer der Dämonen,
schüre die Seelen,
mache sie blutrot,
errege und preise die Gefühle.

Feuer der Pilger,
Feuer der Christen,
erfülle die Hoffnungen,
das Leben der Ärmsten.

Feuer der Wanderer,
der Bergsteiger und Forscher,
schenke deine Wärme,
deine eifrige Umarmung
wird zu ihrem Schutz.

Feuer der Kriege und Schlachten,
der Kreuzzüge und Fehden,
vergiess das Blut nicht vergebens,
erliege in deiner Seele nicht
dem ungerechten Durst nach Rache.

Feuer der Segler,
der Seefahrer und Korsaren,
dein Gesicht im Schatten
zeichnet den Weg voraus.

Feuer der brennenden Glut,
Feuer der Vertrautheit,
deine Flammen werden immer
die Leidenschaft der Liebenden nähren.

Feuer der Lager,
lösch niemals aus,
brenne immer weiter,
solange du lebst,
leben die Herzen.

TAG 16 Um acht Uhr waren wir bereits wach. Bevor wir losgingen, las uns Leo vor, was er während seiner nächtlichen Wache geschrieben hatte. In ein paar Linien hatte er ausgedrückt, wie sehr er seine Frau und seine zwei Kinder liebte; er fragte sich, was er hier machte, wenn er doch eigentlich bei ihnen sein sollte. Er ertrug das Gewicht seiner eigenen Worte nicht, war sehr bewegt und fing an zu weinen. Es schien, als ob seine Seele in tausend Kristalle zersplittern würde, die durch seine Tränen ausgedrückt wurden. Tränen, so aufrichtig, dass sie auch den kältesten Menschen auf Erden gerührt hätten.

Der Tag war unglaublich schön, der Himmel konnte nicht wolkenloser sein, und das Beste von allem, es hatte über Nacht gereift. Man glaubt wohl, ich sei verrückt, wenn ich das sage. Aber alles hat eine Erklärung, und in diesem Fall hat es mit der Festigkeit des Geländes zu tun. Es war so kalt, dass der Boden aus unzerstörbaren Felsen gemacht schien. Im Gegensatz zu anderen Tagen kamen wir sehr schnell vorwärts, ohne dauernd im Sumpf einzusinken.

Zu Beginn des Marsches verspürte Leo starke Bauchschmerzen. Glücklicherweise hielt dies nicht lange an. Jedoch hatte er den ganzen Tag über mit einer zeitweiligen Blindheit zu kämpfen, verursacht durch den dichten Rauch in unserem Nachtlager.

Ein Abschnitt unserer Route führte uns in einen Wald. Die Sonnenstrahlen sickerten zwischen den Bäumen hindurch und verliehen dem Ort eine magische Stimmung. Ich weiss nicht, ob ich sein Geheimnis begriff, aber ich war sicher, dass dies eines der schönsten Bilder war, die mir die Natur in meinem ganzen Leben geschenkt hatte. Kein Künstler könnte auch nur einen Bruchteil der Schönheit des idyllischen Panoramas wiedergeben, das sich vor meinen Augen präsentierte.

Wir fanden einen guten Weg, welcher uns ein leichtes Vorwärtskommen durch diese zauberhaften Wälder ermöglichte. Bei einem unserer Halte assen wir die letzten Stücke der Schokolade, die uns noch geblieben war. Wie würden wir sie vermissen! Der Pfad wurde immer breiter und führte uns allmählich ans Meer. Es war eine Freude, über den Sand zu gehen, denn er war so hart, dass es einem vorkam, als würde man auf einer asphaltierten Strasse gehen. Es dauerte nicht lange, bis wir zu einem *rancho* kamen, der sich in einem jämmerlichen Zustand befand. Wir feierten nicht gross, da wir hier nicht lange Rast machen würden, nur so lange, um die nötige Energie für die weitere Wanderung zu tanken. Wir waren der Meinung, dass dies der letzte *rancho* der „Dynastie Pati" sein würde. Im Zusammenhang mit unseren Vorstellungen und Gedanken dachten wir uns Situationen, Personen und Geschichten aus. Es war klar, dass wir irgendwann auf unsere Fantasie zurückgreifen mussten, denn nachdem wir nun bald sechzehn Tage zusammen waren, reduzierten sich die Themen unserer Gespräche mehr und mehr auf eher technische Fragen bezüglich Richtungen, Methoden des Vorwärtskommens und Verteilung der Aufgaben.

Es war witzig, sich vorzustellen, dass Pati ein Reich erschaffen und über unendliche Macht an den Küsten Feuerlands verfügt hatte. Ich verlor mich in den Bildern, die durch mysteriöse Kartographen angefertigt worden waren und die Ausdehnung der Herrschaft des Kaisers bezeugten. Fast konnte ich die Zeichner sehen, wie sie all die geheimen Informationen misstrauisch in versiegelten Truhen hüteten. Aber wie alle grossen Reiche in der Geschichte der Menschheit, bewegte sich auch jenes von Pati nach und nach dem Untergang zu, einem unwiderruflichen Fall, von dem es sich nie erholen würde. So würde sein Streben nach Eroberungen für immer zu Ende gehen; und mit der Zeit würden alle Dörfer, in denen die unendliche Macht des Monarchen ruhte, unter dem unerbittlichen Joch der Mutter Natur verschwinden. Und hier standen wir nun in diesem Moment, genau an der letzten Festung dessen, was einst die bedeutende „Dynastie Pati" gewesen war.

Kaum hatte ich die Reise durch meine Sage beendetet, prallte ich beinahe gewaltsam auf die geographische Realität des Ortes. Wir befanden uns fast am Ende der Bucht Aguirre, mit dem Blick in Richtung Kap Hall. An dieser Stelle fassten wir einen Entscheid von grosser Bedeutung für die Expedition. Statt den Umrissen der Küste zu folgen, beschlossen wir, durch das Tal des Flusses 21 de Febrero weiter zu gehen. Zum ersten Mal würden wir auf unseren wichtigsten Bezugspunkt, das Meer, verzichten.

Dies bedeutete, dass wir von dem Moment an alle unsere Kenntnisse über Orientierung und Kartenlesen in die Praxis umsetzen müssten. Es würde zu einer grossen Herausforderung werden, die unsere volle Wachsamkeit und den Einsatz aller Sinne verlangen würde.

Der Grund, weshalb wir uns dafür entschieden haben, unsere Route zu ändern, waren die Schwierigkeiten, die das Gelände an dieser Stelle präsentierte. Gemäss den Angaben eines Freundes, Sergio Anselmino, wussten wir, dass die Küste zwischen Aguirre und der Bucht Valentín schroff war und das Vorwärtskommen sehr schwierig werden würde. Alle drei waren wir uns einig, dass es einfacher wäre, den Tälern im Landesinnern entlangzugehen – zumindest einfacher als der Weg über die steilen Klippen. Wir zogen es vor, das Risiko einzugehen und unseren eigenen Weg zu suchen, und spekulierten dabei auch darauf, einige Tage einzusparen.

Bevor ich aber mit der Erzählung fortfahre – Adel verpflichtet – ist es unumgänglich, etwas über die Erfahrung Sergio Anselminos zu erzählen. Im April 2004 wanderte dieser unbekannte Herr in 45 Tagen von Ushuaia bis nach Río Grande, ohne sich von der Küste zu entfernen. Klar ist es noch eine weitaus grössere Leistung, diese Reise in tiefster Einsamkeit durchgeführt zu haben. Und seine Heldentat wird noch bedeutender in Anbetracht dessen, dass er nicht den Vorteil hatte, auf die zwei *gauchos* der Südküste der Insel zu treffen, wie dies uns geschehen war.

Ich zweifle daran, dass ich die Expedition im Alleingang hätte bewältigen können, so, wie das Sergio getan hat. Nicht nur aufgrund all dessen, was die Einsamkeit beinhaltet, sondern auch, weil das bedeutet hätte, viel mehr Gepäck tragen zu müssen. Da wir zu dritt waren, hatten wir die Möglichkeit, das Gewicht unserer Rucksäcke gleichmässig zu verteilen.

Anselmino entdeckte auf jener Reise die südlichsten Felshöhlen der Welt. Insgesamt sind es deren vierzehn, von unterschiedlicher Tiefe: Die grösste hat eine Reichweite von ungefähr 150 Metern. Es ist unglaublich, dass auch heute noch, im 21. Jahrhundert, Entdeckungen von solcher Bedeutung gemacht werden. Deshalb muss ich Sergio Anselmino meinen grössten Respekt aussprechen.

An diesem Nachmittag trafen wir zum ersten Mal seit Remolinos wieder auf Kühe. Unter ihnen waren auch ein paar wilde Stiere, und obwohl wir uns in sicherer Entfernung befanden, konnten wir ihre Kraft und ihre Grösse trotzdem spüren. Wir gingen weiter, bis wir zum Fluss 21 de Febrero gelangten. Wir überquerten ihn ein paar hundert Meter weiter flussaufwärts. Dieses Mal war Juan das Versuchskaninchen. Ich dachte, das Wasser wäre tiefer, glücklicherweise reichte es uns aber kaum über die Hüfte. Juans Kamera wurde ein bisschen nass, blieb aber unversehrt.

Leo hatte immer noch Schmerzen in den Augen, trotzdem mussten wir aber weiter gehen. Unsere Route setzte sich entlang des Flussufers fort. Bei einer kleinen Lichtung machten wir Halt, um einige Hügel abzulichten, die, obwohl sie weit entfernt waren, durch ihre Höhe und ihre schneebedeckten Spitzen auffielen. Es handelte sich um die Berge Pirámide, Campana und Atocha. Obwohl keiner von ihnen mehr als tausend Meter Höhe erreicht, ist ihre Gestalt wirklich majestätisch. Ausserdem fanden wir an dieser Stelle noch etwas Überraschendes vor: einen Rotbuchenwald. Die Möglichkeit, diese Art hier vorzufinden, hielten wir für ausgeschlossen. Es war eine schöne Abwechslung in der Routine der Immergrünen Buchen und Winterrinden.

Wir beschlossen, noch etwas weiterzugehen und später nach einem Ort zu suchen, wo wir die Nacht verbringen könnten. Erst nach einer halben Stunde erreichten wir eine weitere Lichtung. An einer Stelle, wo der Fluss mit einem kleinen Bach zusammenfliesst, stellten wir unser Zelt auf. Juan und ich drängten Leo, im Zelt zu bleiben und sich auszuruhen; seine Augen bereiteten ihm immer noch ziemliche Beschwerden.

Wie so oft beging ich einmal mehr den Fehler, vor dem Feuermachen nicht die nassen Kleider zu wechseln. Ich fühlte mich, als ob mein ganzer Körper triefen würde, meine Finger und Zehen waren starr, ich konnte sie kaum bewegen. Die Äste waren so feucht und gefroren, dass es fast unmöglich war, sie zum Brennen zu bringen. Trotz meiner wiederholten Versuche konnte ich nicht einen einzigen Funken Wärme erzeugen. Und zu allem Übermass wurde ich in meiner Aufgabe auch noch von einem Stier gestört, der Juan und mich auf seltsame Art und

Weise beobachtete. Sein Kopf war riesig, was mehr als genug war, um mich einzuschüchtern. Aufgrund der Geräusche, die er ausstiess, und seiner Art, wie er uns beobachtete, schien er sich über unseren unerwarteten Besuch zu beklagen. Zweifellos wollte er genau an der Stelle durchgehen, die wir durch unsere Anwesenheit versperrten. Nach einer halben Stunde ging das Tier aber glücklicherweise des Weges und ich konnte mich wieder dem Feuer widmen.

Ich hatte mich so sehr für mein Ziel eingesetzt, dass ich gar nicht bemerkt hatte, wie die Zeit verging. Es waren schon zwei Stunden vorbei. Ich hätte nicht gedacht, dass die Sekunden und Minuten derart schnell vergehen könnten. Es schien, als ob sie plötzlich viel kürzer gewesen wären, so als hätte jemand den Lauf der Zeiger meiner Uhr beschleunigt. Ich hatte alle möglichen Tricks angewendet, um ein rettendes Feuer zu erzeugen, brauchte mehr Zündhölzer als üblich und stellte die Äste immer wieder in unterschiedlicher Form auf, ohne ein befriedigendes Resultat zu erreichen. Es brannte noch immer kein Feuer, und meine Hoffnung zerfiel langsam wie ein Kartenhaus im Wind. Juan war aus dem Zelt gekommen, um mir Mut zu machen, aber auch sein Glauben in unser Ziel schwand mehr und mehr, gleich wie die spärlichen Flammen jenes mageren Feuers. Ich erinnere mich daran, dass ich Juan sagte, er solle sich keine Sorgen machen, dass es schon irgendwann klappen würde. Ich griff auf das letzte Mittel zurück: die Anrufung der Götter. Durch eine Reihe von Schreien, die wohl in keiner Weise den Zeremonien der Griechen glichen, rief ich Äolus an, den Gott der Winde. Und wirklich: Während ich mein kleines Ritual durchführte, setze plötzlich eine sanfte Brise aus dem Wald ein, welche das aufkommende Feuer schürte. Zu unserem Erstaunen wuchsen die Flammen wie durch ein Wunder zu einem kräftigen Feuer. Die Stämme brannten heftig, und Juan und gaben eifrig Holz dazu. Nachdem ich während zwei Stunden vor einem Hügel kleiner und nasser Äste fast erfroren bin, haben wir ein beachtliches Feuer entfacht, was uns überglücklich machte.

Juan setzte die Teekanne aufs Feuer, und als das Wasser seinen Siedepunkt erreichte, rief er überrascht und mit freudiger

Stimme: „Es kocht!“, wie wenn dieses Wort eine tausendjährige These bestätigen würde. Seine Art brachte mich zum Lachen; er verhielt sich wie ein kleiner Junge, dem man etwas Süsses oder ein neues Spielzeug geschenkt hatte. Wir tranken Tee, *mate cocido* und Kaffee, konnten unsere Wäsche ziemlich gut trocknen und bekamen endlich die verdiente Wärme, nachdem wir so viele Kilometer in der eisigen Kälte gewandert waren.

Ich weiss nicht, ob sich das Feuer wegen meiner absurden Beschwörung oder einfach durch Glück und die blossen klimatischen Umstände entfacht hatte. Tatsache ist, dass ich von diesem Tag an immer einen Moment zu Äolus betete, damit er meinem Feuer Leben einhauchte.

Leider konnten wir nicht lange neben dem Feuer bleiben, da wie so oft der Regen einsetzte, um uns den Spass zu verderben. Jedenfalls hatten wir unser Ziel erreicht: Wir hatten gegessen, etwas Warmes getrunken und von allem unsere Gemüter wieder erheitert.

Leo Fernández und Federico Gargiulo beim Durchwaten des Flusses 21 de Febrero.

TAG 17 Nachdem wir gefrühstückt und unsere Sachen gepackt hatten, begannen wir in einen weiteren Marschtag. Gott sei Dank befand sich auch Leo wieder in gutem gesundheitlichen Zustand.

Vom Moment an, als wir uns entschlossen hatten, in dieses Tal hinein zu gehen, war unsere Orientierung nicht mehr vom Meer, sondern vom Verlauf des Flusses 21 de Febrero bestimmt. Die ersten Stunden des Tages bereiteten uns keine grossen Schwierigkeiten, mit Ausnahme einiger Stellen, wo wir dichten Buchenwald durchqueren mussten. Dies machte uns aber nichts aus; wir waren wie ein Zug, der, die Geschwindigkeit und die Zeit herausfordernd, über Gleise glitt, die zu ungewissen Schicksalen führten. Schicksale, die letztendlich über unsere Heldentaten oder Nöte entschieden.

Unsere Tagesroute war durch die Umrisse und Formen gegeben, die jener Fluss vor tausenden von Jahren in das Relief geschliffen hatte. Ich werde diesen Wasserlauf nicht mehr vergessen, er ging mir unter die Haut. Vielleicht, weil wir ihn unzählige Male überqueren mussten. Wir taten dies weder aus einer einfachen Laune heraus noch weil wir verrückt waren nach dem eisigen Wasser, sondern weil das Vorwärtskommen auf der jeweils gegenüberliegenden Seite oft einfacher war. Jedes Mal, wenn wir uns in dieses Wasser begaben, fühlte es sich an wie unzählige Messerstiche. Zum Glück heilten diese fiktiven Wunden schnell, sobald wir die Wanderung wieder aufgenommen hatten.

Am Mittag machten wir unsere obligate Pause und nutzten die Zeit, um einen guten Kaffee und einen *mate cocido* zu trinken. Wir waren in guter Laune an diesem Tag, waren zu Witzen und Spässen aufgelegt. Nach der Rast sahen wir einen Stier, der allerdings flüchtete, als er uns bemerkte. Für einen Moment dachte ich, er wäre verschwunden, bis ich ihn hinter ein paar Bäumen wieder entdeckte. Wir hatten keine Alternative, wir mussten ziemlich nah an dem Tier vorbeigehen, da der Weg auf einer Seite durch den Fluss und auf der anderen von einem Wald begrenzt wurde und wir nicht genügend Platz hatten, in sicherem Abstand vorbeizugehen. Natürlich hätte ich mich sofort ins Wasser gestürzt, wenn dieser einsame Herr uns plötzlich attackiert hätte.

Aber einmal mehr meinte es das Schicksal gut mit uns: Der Stier beschränkte sich darauf, uns zu überwachen, während wir vor seinen Augen vorbeizogen.

Später kamen wir an einen Ort, wo es klare Anzeichen für die Existenz von Bibern gab. Hunderte von kleinen Stämmen, die in konischer Form endeten, wie spitze Bleistifte, zeigten die unverwechselbare Unterschrift dieser Nagetiere. Und wenn wir schon davon sprechen, ist darauf hinzuweisen, dass die Biber eigentlich nicht Teil der einheimischen Fauna Feuerlands sind. Sie wurden im Jahr 1946 von der Argentinischen Marine aus Kanada eingeführt, mit dem Ziel, eine Pelzindustrie zu entwickeln. Dies brachte jedoch keinen Erfolg. Wegen der sehr tiefen Temperaturen weist das Fell des Bibers in seinem Ursprungsland ein viel grösseres Wachstum auf, was ihm einen beträchtlichen wirtschaftlichen Wert verschafft. Die Temperaturen auf Feuerland sind aber nicht so tief, weshalb der Pelz der Nager nicht so stark wächst und einen niedrigen Verkaufswert bringt.

Aufgrund ihrer genetischen Merkmale bauen die Biber grosse Dämme zum Schutz vor natürlichen Plünderern: Bären, Wölfen und Luchse, alles Tiere, die auf der Insel nicht vorkommen. Diese Dämme bilden echte Barrieren, welche grosse Stauseen im Wasserlauf verursachen. Darin platzieren die geschickten Nager (durch die Verwendung von Ästen und Schlamm) ihre Schlupfwinkel, zu denen durch die Eingänge unter Wasser nur sie Zugang haben. Im Bezug auf den Einfluss, den sie auf das Ökosystem haben, muss darauf hingewiesen werden, dass die Flüsse dadurch oft über die Ufer treten und die angrenzenden Wälder überschwemmen. Mittlerweile sind die Biber auf Feuerland zu einer beträchtlichen Plage geworden, die nur sehr schwer zu bekämpfen ist.

Ich denke, wenn etwas so Ausgeglichenes und Perfektes wie die Mutter Natur erschaffen wurde, sollten wir Menschen versuchen, diese intakte Harmonie zu erhalten und sie nicht zu verändern, indem wir fremde Tier- oder Pflanzenarten in Ökosysteme einführen, zu denen sie ursprünglich nicht gehörten.

Gegen vier Uhr nachmittags beschlossen wir einstimmig, die Wanderung für diesen Tag zu beenden. Wir hatten einen geeigneten

Platz gefunden, um das Zelt aufzustellen, wir mussten nur noch ans andere Ufer des Flusses gelangen. Diesmal taten wir es ohne Widerrede, ja sogar mit Freude und Enthusiasmus.

Wie es in unserer Organisation schon zur Gewohnheit geworden war, beschäftigten sich Leo und Juan mit dem Aufstellen des Zeltes, während ich mich der Kunst widmete, Licht und Wärme in die Geheimnisse der Nacht zu bringen. Ich bin sicher, dass alle Wesen des Waldes innehielten, um ehrfürchtig dieses Spiel von Funken und Farben zu beobachten. Dieses Mal bereitete mir das Feuermachen keine Schwierigkeiten. Wir tranken reichlich *mate* und führten ausgedehnte Gespräche. Obwohl wir während des Tages gut vorwärts gekommen waren, wussten wir nicht genau, ob wir die richtige Richtung eingeschlagen hatten. Wir vermissten unsere Familien und unsere Liebsten, aber an diesem Tag fühlte ich, dass mir noch etwas fehlte, die Gesellschaft von etwas Näherem. Ich dachte an einen stetigen Begleiter auf unserer Reise: Ich sehnte mich danach, die Wellen des Meeres wieder zu sehen.

TAG 18 Nach unserem täglichen Morgenritual nahmen wir die Wanderung wieder auf und begaben uns wie jeden Tag von Neuem auf das Abenteuer der Entdeckung einer neuen Welt und ihrer Geschichten. Das heutige Tagesziel bestand darin, eine Zeit lang dem Fluss zu folgen, um uns danach weiter in Richtung Südosten zu begeben und Höhe zu gewinnen. Ohne grosse Schwierigkeiten bestiegen wir einen kleinen Berg. Er war nicht sehr hoch, die Steigung war aber trotzdem lang genug, um uns die körperliche Anstrengung spüren zu lassen.

Vor unseren Augen präsentierten sich erneut die Berge Atocha, Campana und Pirámide, diesmal aber um einiges näher. Jetzt vermittelten sie eine fast bedrohliche und Respekt einflössende Haltung. Als wir den Aufstieg endlich geschafft hatten, befanden wir uns auf einer Hochebene, umringt von kleinen Torflagunen und den prachtvollen Silhouetten der erwähnten Berge. Das Beste an dem ganzen Panorama war aber zweifellos das Wiedersehen mit der blauen und reinen Weite des Ozeans. Es war die Bestätigung, dass unser Kurs richtig und effizient gewesen war. Das musste gefeiert werden, und was hätte sich dafür besser angeboten an als unsere letzte Tasse Kaffee.

Mit gestärkten Kräften gingen wir weiter. Nachdem wir eine dicht bewachsene Schlucht durchquert hatten, erreichten wir eine Stelle, von der aus eine Bucht zu sehen war. Erst dachten wir, dass dies unmöglich die Bucht Valentín sein konnte; seit *Patis bagualero* hatten wir erst zweieinhalb Tage zurückgelegt. Wir stellten verschiedene Thesen auf, und trotz der Zweifel und Unsicherheiten kamen wir zum Schluss, dass wir uns nicht geirrt hatten und uns wirklich in der Nähe der Bucht Valentín befinden mussten. Von unserer Position aus konnten wir klar ihre langen Strände und die zwei Flüsse sehen, die dort in den Ozean mündeten, der Carabelas und der Sudamérica. Wir hielten es für unmöglich, dass unser Manöver bis anhin derart erfolgreich und ohne Irrwege verlaufen war. „Gute Arbeit“, könnte man sagen. Und das nicht nur in Bezug auf unsere optimale Routenwahl, sondern auch auf den ausgeprägten Teamgeist, durch den wir uns ausgezeichnet haben.

Mit der Aufregung dieses magischen Momentes, als wir die Küste sehen konnten, verletzten wir einmal mehr das Gesetz des

Wanderers, forderten die Natur heraus und brachten unser Leben in Gefahr. Es war schon fünf Uhr abends und dunkelte bereits; die Bucht war nicht mehr weit, aber es lag noch ein ziemlich dichter Wald vor uns. Wir konnten der Versuchung nicht widerstehen, noch diese Nacht auf Sandstrände zu treten und liessen deshalb unserem wahnwitzigen Antrieb freien Lauf. Unter Juans Führung und sicher auch mit der Hilfe himmlischer Wesen (ich betete viel zu Gott an diesem Tag), konnten wir uns einen Weg durch diese kolossalen Buchen und Winterrinden bahnen, zwischen gestürzten Baumstämmen und Ästen, die wie Peitschen die Körper der drei waghalsigen Wanderer geisselten. Die grosse Anstrengung und unser Wahnsinn zahlten sich aber schliesslich aus. Wir gelangten an unser ersehntes Ziel, an einen der wenigen Sandstrände der Südküste Feuerlands.

Die Dunkelheit war schon hereingebrochen, weshalb wir die Bucht nicht mehr gut sehen konnten. Dies bedeutete aber nicht, dass wir sie nicht mit dem Rest unserer Sinne wahrnehmen konnten. Ich liess mich von der feuchten Brise des unendlichen Kommens und Gehens der Wellen verführen, welche, nach dem Getöse zu schliessen, sehr mächtig sein mussten. Natürlich nahm ich auch ein bisschen Sand in die Hand und liess ihn durch meine Finger rieseln. Sand, der wie die Zeit keinen Anfang und kein Ende kennt.

Wir stellten das Zelt auf und schnell entfachte ich ein mächtiges Feuer. Der Glanz der Flammen auf unseren Gesichtern liess die Freude zur Geltung kommen, die wir während der vergangen, eher schwierigen Tage zurückgehalten hatten. Nun aber liessen wir ihr freien Lauf, freuten uns, eine Teilmission unseres grossen Plans erfüllt zu haben. Eine Mission, die, obwohl sie im Vergleich zur gesamten Expedition gering erscheinen mag, für uns einen besonders wichtigen Teil darstellte.

Die ganze Szene war sehr schön, sowohl für die Augen als auch für die Ohren. Der sanfte Glanz des Feuers, der mit der geheimnisvollen Dunkelheit verschmolz, das Knistern der Äste, die vom Feuer verzehrt wurden, der Applaus der Wellen, der vom Wind davongetragen wurde. Manchmal versuche ich vergebens, den Zauber dieses Momentes wieder aufleben zu lassen. Nur ganz selten ist es mir gelungen, und nicht während ich wach war, sondern in meinen Träumen.

Nach und nach liessen wir Orte hinter uns, legten sie in unserer Erinnerung ab und schlossen so Kapitel für Kapitel einer langen Geschichte, die noch viele weisse Seiten zählte. Seiten, die dazu bestimmt waren, die Wege und Kreuzungen der *Nomaden von Mitre* für immer festzuhalten.

TAG 19 An diesem besonderen Tag gönnten wir uns den Luxus, etwas länger zu schlafen. Wir frühstückten ohne Eile und plauderten noch einen Moment in unseren Schlafsäcken. Es dauerte aber nicht lange, bis mich die Ungeduld packte und ich aufstand, um die Bucht zu erkunden. Sie wurde zu Ehren Valentín Jansens benannt, eines niederländischen Steuermanns auf einem der Schiffe der Expedition der Gebrüder Nodal von 1619, auf die ich später näher eingehen werde.

Von all den Buchten, die ich auf Feuerland gesehen habe, gehört Valentín zu denen, die ich am besten in Erinnerung behalte. Vielleicht wegen der Schönheit ihrer Strände oder weil sie mich an die Stadt erinnert, wo ich aufgewachsen bin, Mar del Plata.

Der Sandstrand der Bucht ist etwa fünf Kilometer lang und wird, wie schon erwähnt, von zwei Flüssen unterbrochen, die hier ins Meer münden, dem Carabelas und dem Sudamérica im Osten. Da es ein prächtiger Tag war beschloss ich, das günstige Morgenlicht zu nutzen und machte mich auf, um diesen traumhaften Moment und die Schönheit des Ortes mit der Linse meiner Kamera festzuhalten. Während ich über die ausgedehnten Sandstrände ging und nach geeigneten Motiven suchte, sammelte ich Muscheln, eine für jeden meiner Liebsten zu Hause. Diese Souvenirs waren noch unversehrt geblieben, rein und unberührt, wie sie die Erde geschaffen hat.

Juan und ich trafen uns am Strand und kehrten zum Lager zurück, wo Leo noch immer die verdiente Ruhe im Zelt genoss. Zu dritt begannen wir, das Lager abzubrechen. Während die anderen beiden alles fertig packten, machte ich uns einen Tee, um uns aufzuwärmen. Bevor wir losgingen, teilte Juan ein paar Zeilen mit uns, die er in der Nacht zuvor geschrieben hatte. Er bezog sich darin vor allem auf die Beziehung zu seinem Vater. Als er am Ende seiner Erzählung angekommen war, merkte ich, dass er gegen die Tränen kämpfen musste.

Kurz nach Mittag wanderten wir weiter, und nach einer Stunde erreichten wir den Fluss Sudamérica. Ihn zu überqueren war kein angenehmes Gefühl. Sein Grund, oder mindestens die Stelle, wo ich durchwaten wollte, bestand aus weichem Sand, und mit jedem Schritt sank ich etwas tiefer darin ein. Es war sehr schwierig, vorwärts zu kommen. Ich fühlte mich gefangen von unsichtbaren Kräften, die mich am Weitergehen hindern wollten. Heil auf der anderen Seite angekommen, sahen wir einen Unterstand, der vom Museo del Fin del Mundo erbaut worden war. Eine Tafel wies auf seinen Namen hin: „El Primer Valentino". Er wurde dazu errichtet, die Archäologen zu beherbergen, welche ab und zu in die Bucht Valentín kamen um die alten Siedlungen der Haush zu erforschen, die hier zu finden sind. Man weiss nicht viel über diese Stämme, ausser dass sie einige Parallelen zu den Bräuchen der Onas oder Selk'nam aufweisen. Im Unterschied zur Ethnie der Yamanas jagten die Haush zu Fuss und ernährten sich mehrheitlich von Guanakos und ab und zu von Walen, die an der Küste gestrandet waren. Einige meinen, dass die Haush eine Untergruppe der Onas waren, die durch unbestimmte Gründe in den Osten verdrängt wurde. Deshalb werden sie auch „Östliche Onas" genannt. Da es aber noch viele offene Fragen im Zusammenhang mit der Besiedlung der Bucht Valentín gibt, werden ihre Vorkommen immer noch untersucht. Kürzlich wurden hier sterbliche Überreste gefunden, die über sechstausend Jahre alt waren.

Wir traten in den *rancho* ein, und auf den ersten Blick schien er sich in einem sehr guten Zustand zu befinden. Es fehlte nur ein kleines Detail: die Feuerstelle. Durch den Rauch in Patis *bagualero*, der bei Leos Augen Spuren hinterlassen hatte, waren wir in dieser Hinsicht ein bisschen traumatisiert. Hier muss aber einmal eine Feuerstelle vorhanden gewesen sein, eine Nische und ein kleines Kaminloch im Dach wiesen eindeutig darauf hin.

Dies war der zweite Ort, wo wir ein Gästebuch vorfanden. Juan begann, die Seiten durchzublättern und las uns ein paar Einträge von Personen vor, die wir kannten. Ehe wir uns versahen, war es schon drei Uhr nachmittags. Es wäre nicht sehr schlau gewesen, noch weiter zu gehen, da die Dunkelheit uns schon bald dazu zwingen würde, das Zelt aufzustellen. In den verbleibenden Stunden würden wir keine grosse Distanz mehr zurücklegen können. Deshalb hielten wir es für das Beste, hier zu bleiben und die Nacht unter Dach zu verbringen. Am nächsten Tag würden wir dafür mit den ersten Sonnenstrahlen des Tages losziehen.

Während wir die Lektüre des Gästebuches weiterführten, genossen wir einen ausgedehnten *mate*. Auf den durch den Lauf der Zeit braun gefärbten Seiten fanden wir Einträge von Leuten, die den gleichen Weg gegangen waren, den wir uns für den nächsten Tag vorgenommen hatten. Unser Plan war, die Reise in nordöstlicher Richtung durch das Tal des Flusses Sudamérica fortzusetzen und zu versuchen, die Schwarzen Berge zu erklimmen. Auf der Höhe angekommen, würden wir zur Bucht Buen Suceso absteigen. Leider waren die Einschätzungen unserer Vorgänger nicht gerade ermutigend. Natürlich fehlte auch der Eintrag von Ángel de Andrés nicht. Er war mehrmals hier durchgekommen, auf verschiedenen Expeditionen, begleitet von vielen seiner Schüler. Leo, Juan und ich sprachen über die Möglichkeit, diese angesehene Persönlichkeit der Halbinsel Mitre nach unserer Reise kennen zu lernen. Es wäre bestimmt eine sehr bereichernde Erfahrung. Leider würden wir später die traurige Nachricht erfahren, dass Ángel de Andrés vor nicht allzu langer Zeit gestorben war.

Wir fühlten uns so wohl im „Primer Valentino", dass wir den Unterstand kaum verliessen, ausser um Brennholz und Wasser zu suchen. Bevor ich ins Bett ging, schrieb ich im schwachen Licht der Kerzen ein paar Zeilen ins Gästebuch. Ich glaube, es lohnt sich, sie hier wiederzugeben, denn sie fassen den bisherigen Verlauf der Expedition zusammen, vom ersten Tag bis zu diesem Moment, und vermitteln ausserdem meine tiefsten und wahrsten Gefühle, gleich hier, an dem Ort, wo sie ausgelöst wurden, an jenen unendlichen Stränden, im anonymen Reich der Stürme, der Einsamkeit und der Stille:

„19. Mai 2005

Nach achtzehn langen Wandertagen gelangten wir von Ushuaia zur Bucht Valentín. Die Bucht aus der Höhe zu sehen, war unglaublich. Vor nur drei Tagen hatten wir Patis bagualero in der Bucht Aguirre hinter uns gelassen. Wir beschlossen, dem Fluss 21 de Febrero zu folgen, bis wir, nach eineinhalb Tagen Marsch, auf einen Berg stiegen, um einen Überblick von oben zu erhalten. Dort angekommen, sahen wir das Meer, was ein sehr ermutigendes Gefühl war, denn während drei Tagen hatten wir auf seine Anwesenheit verzichten müssen. Wir waren gezwungen, zurück hinunter und durch einen dichten Buchenwald wieder hinauf zu gehen. Dies machte uns aber nichts aus, unser Optimismus war gross und liess uns alle noch so schwierigen Hindernisse überwinden. Nach ein paar Stunden hatten wir wieder an Höhe gewonnen und meinten, die Bucht Valentín erkennen zu können. Wir waren uns aber nicht sicher. Ich beschleunigte meinen Schritt, und zusammen mit meinen Expeditionsbegleitern, Juan M. Ronco und Leo Fernández, bestätigten wir unsere Vermutung. Die Merkmale der Bucht, die zwei Flussmündungen und der ausgedehnte Sandstrand, waren eindeutige Beweise dafür, dass wir unser Ziel erreicht hatten. Es war schon fünf Uhr abends, und obwohl die Nacht nahte, entschieden wir uns, weiterzugehen. Wir wollten diesen Sand spüren, die Wahrhaftigkeit unserer Heldentat fühlen. Erst mussten wir uns aber noch durch eine Art Urwald (wie Leo es nannte) aus Immergrünen Buchen, Winterrinden und Büschen kämpfen. Juan übernahm die Führung durch das Dickicht des Waldes und der Dunkelheit. Ich bat Gott, er möge uns heil und gesund zur Bucht führen. Und ich glaube, dass er uns erhört hatte, denn wir erreichten unser Ziel und betraten endlich den ersehnten Sand. Alle drei waren wir überglücklich. In der Nähe einiger Bäume errichteten wir unser Lager und ich machte ein Feuer. Alles war perfekt in jener Nacht: das Feuer, der Mond, der Ort und vor allem das befriedigende Gefühl, in nur drei Tagen bis zur Bucht gekommen zu sein, auf unserer eigenen Route, immer auf der Suche nach der besten Variante.

Heute, am 19. Mai, gelangten wir zum rancho und beschlossen, die Nacht hier zu verbringen und morgen früh Kurs auf die Bucht Buen Suceso zu nehmen. Wir haben noch einen weiten Weg vor uns, unser Ziel ist die Estancia María Luisa. Ich weiss nicht, was noch auf uns zukommen wird, aber ich habe Vertrauen in mich und meine Begleiter, wir waren in jedem Moment ein gutes Team. Ausserdem fühlte und fühle ich die Unterstützung meiner Familie, meiner Freunde und vieler Personen, die uns in irgend einer Weise geholfen haben, dieses Ziel zu verwirklichen, uns in dieses Projekt zu stürzen, das seit Oktober 2004 in unseren Köpfen herrschte. Und ich freue mich auch auf das, was danach kommt: meine Leute wieder zu sehen, unsere Geschichte zu erzählen und die schönsten und schwierigsten Momente mit den Personen nochmals aufleben zu lassen, die mir am meisten bedeuten. Ein weiterer Grund, der mich antreibt, ist die zweite Etappe des Projekts: unsere Erfahrung in den Schulen auf Feuerland weiterzugeben. Wir wollen den Kindern unsere Liebe zur Natur vermitteln und ihnen von den entferntesten Orten unserer Provinz berichten. Ich fände es schön, wenn noch mehr Leute diese Reise unternehmen würden, denn sie ist wirklich überwältigend.

Nicht zu vergessen sind die Personen, die uns unterstützten: die Leute der Küstenwache (der Einheiten Moat und Almanza), Juan Carlos und Ramona auf Harberton und Pati und der Correntino. Leute wie sie motivieren mich, weiter zu machen und bestätigen mich mehr denn je im Glauben, dass ich in einem wunderbaren Land lebe."

TAG 20 Die vergangene Nacht war eine der wenigen, in denen ich unter der Kälte gelitten hatte. So sehr ich mich auch einpackte, ich fühlte, als ob die Gletscher der letzten zehntausend Jahre über meine Füsse hinweg ziehen würden. Die einzige Möglichkeit, einigermassen warm zu bleiben, war, ab und zu aufzuwachen und meine Füsse aneinander zu reiben.

Wir starteten sehr früh, nachdem wir den *rancho* in Ordnung gebracht hatten. Kaum hatten wir die Wanderung aufgenommen, stiessen wir auf mehrere Herden Guanakos, die innehielten, um uns aus der Ferne zu beobachten. Zu Beginn bewegten wir uns gegen Norden, dann änderten wir unseren Kurs und gingen eher Richtung Nordosten. Die Vegetation war dicht, aber noch so, dass wir uns einen Weg bahnen konnten. Bei einem unserer Stopps nahm sich Juan seinen Rucksack ab, um etwas bequemer die Gegend erkunden zu können. Da geschah etwas, was böse Folgen hätte nehmen können: Juans Rucksack fiel um und rollte einen ziemlich steilen Hang hinunter. Leo reagierte blitzschnell und rannte dem Bündel hinterher, das immer schneller wurde. Glücklicherweise hat er sich dabei nicht verletzt. Der Rucksack stoppte genau in einem kleinen Bach, es wurden aber nur ganz wenige Sachen nass.

Kurz darauf erreichten wir die Waldgrenze. Von hier aus konnten wir das Wasser der Meerenge Le Maire im Osten und den Atlantischen Ozean im Norden und im Süden sehen. Da wurde mir wirklich bewusst, dass wir uns auf einer Halbinsel befanden. Es war ein wunderschöner Tag; die Sonne spiegelte sich im Wasser, und das Spiel von Glanz und Licht gab der ganzen Szene etwas Geheimnisvolles. Im Südosten konnten wir die Umrisse der schönen Bucht Valentín und, noch etwas weiter entfernt, die wie immer faszinierende Gestalt der Berge Campana, Pirámide und Atocha ausmachen, die fast mystisch aus einer riesigen Wolke hinausragten. An dieser Stelle machten wir Halt, um ein paar Minuten auszuruhen und ein bisschen Instant-Suppe zu trinken. Wir nahmen die Argentinische Flagge hervor, um diesen Moment vor dem Nationalsymbol festzuhalten. Ich erinnere mich, dass wir Spässe machten und uns vorstellten, was wir am Abend essen würden, denn wir waren uns sicher, dass wir bis dahin die Einheit der Küstenwache erreicht haben würden.

Da wir nicht zu spät zum Abendessen kommen wollten, nahmen wir die Wanderung wieder auf. Wir gingen weiter, und unsere Route führte uns über einen von Guanakos gefestigten, steinigen Weg. Aber nach etwas mehr als einer Stunde wurde der Himmel plötzlich von einer grossen Wolke verdunkelt. Die Sicht war gleich Null, und wir konnten nicht mehr weiter gehen, da wir überhaupt keine Orientierung mehr hatten. Es war kalt und die Nacht brach immer schneller herein. Es blieb uns keine andere Möglichkeit, als in einem Wald etwas weiter unten Schutz zu suchen und damit unser Ziel aufzugeben, den Militärposten der Bucht Buen Suceso zu erreichen. Wir hätten uns keinen schlechteren Platz aussuchen können, um die Nacht zu verbringen; der Boden war völlig durchnässt und weich. Das Zelt passte gerade so auf eine kleine, unebene Fläche, umgeben von Stämmen, Moos und Schlamm.

Die nassen Äste liessen schon die Schwierigkeiten ahnen, die beim Versuch, ein Feuer zu machen, auf uns zukommen würden. Obwohl ich während mehr als einer Stunde alle meine Kräfte eingesetzt hatte, brachte ich das Holz nicht zum Brennen. Leo versuchte, mir zu helfen, schaffte es aber auch nicht.

Völlig durchgefroren, begaben wir uns ins Zelt. Unsere Stimmung war ziemlich schlecht, da wir zu ungeduldig gewesen waren, uns unnötig zu grosse Hoffnungen gemacht und die Realität des Weges unterschätzt hatten. Wir hatten uns schon in die Schlafsäcke verkrochen, und keiner machte den Anschein, Wasser holen und etwas zu essen kochen zu wollen. Nach und nach versanken wir in absoluter Stille und wurden von der Schläfrigkeit übermannt; schliesslich schliefen wir ein, mit dem bitteren Gefühl, unsere Erwartungen nicht erreicht zu haben.

TAG 21 Um uns an diesem Morgen etwas aufzumuntern, beschlossen wir einstimmig, die Frühstücksration zu verdoppeln. Wir hatten am Abend zuvor nichts gegessen und es erwartete uns bestimmt wieder ein langer Tag. Ziemlich spät, als die Zeiger der Uhr schon Mittag anzeigten, marschierten wir los. Wir gewannen Höhe, indem wir uns einen Weg durch den dichten Wald bahnten. Irgendwann kamen wir an einen Punkt, wo wir nicht mehr weiterkamen. Wir waren gefangen zwischen hunderten von Buchen, die uns am Vorwärtskommen hinderten. Der Wald war nicht hoch, aber so dicht und hart, dass wir uns, so sehr wir uns auch anstrengten, kaum bewegen konnten. Ich habe noch nie eine so verzweifelte Situation erlebt. Es war, als ob man von tausenden von eisernen und unnachgiebigen Armen festgehalten wurde. In dieser schrecklichen Lage verstand ich die Menschen, die unter Platzangst leiden. Wir waren alle sehr frustriert: Leo schlug wütend auf die Äste ein, war aber nicht fähig, sie zu brechen; ich versuchte, die Bäume zu bewegen, um mir einen Weg zu verschaffen, wurde dabei aber nur müde und verschwendete meine Kräfte für ein scheinbar unerreichbares Ziel. Wie Insekten hatten wir uns in einem Spinnennetz verfangen, welches jedoch nicht aus feinen Fäden, sondern aus einem komplizierten Wirrwarr aus Ästen und Stämmen bestand.

Wir brauchten etwa eine Stunde, um gerade mal hundert Meter weit zu kommen. Kaum hatten wir uns aus diesem hölzernen Alptraum befreit, verfluchten wir ausgiebig den ganzen subantarktischen Wald. Es war die einfachste und sicherste Art, unseren Ärger loszuwerden. Bis zu diesem Moment war es wunderschönes Wetter gewesen, nun verfärbte sich der Himmel aber plötzlich grau und es setzte starker Schneefall ein. Die Geschichte des vorherigen Tages wiederholte sich; erneut verloren wir die Sicht und somit unsere Anhaltspunkte. Trotzdem gingen wir weiter und gelangten an eine Stelle, von der aus wir das Meer sehen konnten. Wir hatten nicht die geringste Ahnung, wo wir uns befanden, aber das Wiedersehen mit unserem Begleiter machte uns Mut. Der Ort war zu steil, um an die Küste hinunterzuklettern, sodass wir zurückgehen und einen Platz zum campieren suchen mussten. Unsere Hoffnungen schwanden mit dem Tageslicht; ein weiterer

Marschtag neigte sich dem Ende zu. Wir beschlossen, das Zelt auf dem felsigen Untergrund aufzustellen; es war schon zu spät, um zum Wald zurückzukehren. Wir befestigten es mit grossen Steinblöcken für den Fall, dass der Wind über Nacht stärker werden würde, was mehr als wahrscheinlich war. Wir wollten aber keine weiteren Überraschungen erleben. Während wir alle unsere Sachen im Zelt verstauten, bemerkte ich, dass ich meine Isoliermatte verloren hatte. Sicher war sie dem scheusslichen Wald zum Opfer gefallen. Die Unachtsamkeit war aber nicht ganz so schlimm, da mir Leo eine seiner Matten lieh. Diese waren sehr dünn, weshalb er sich entschieden hatte, zwei davon mitzunehmen. Dank dieser Solidarität zwischen uns konnten wir oft die widrigsten Situationen überstehen. Um etwas Wasser zu erhalten, mussten wir eine Eisschicht brechen, die einen kleinen Moorteich bedeckte. Unsere Stimmung war immer noch ziemlich tief; seit zwei Tagen irrten wir nun schon in den unendlichen Bergketten umher, ohne wirklich zu wissen, wohin wir uns bewegten.

Nach dem Essen teilten wir uns eine Büchse Pastete zum Nachtisch. Um uns ein bisschen aufzumuntern, gönnten wir uns unmittelbar danach eine kleine Filmpräsentation. In unseren Schlafsäcken genossen wir einige der Bilder, die wir bis anhin aufgenommen hatten. Sie waren nur ein paar Tage alt, trotzdem kam mir alles schon unglaublich weit entfernt vor. Der Fluss López, die *gauchos*, die Höhlen von Gardiner und Puerto Español. Uns in diesen traumhaften Landschaften zu sehen, war, wie die Seiten eines faszinierenden Buches zu lesen. Und das Beste von allem, es war von uns selbst geschrieben, in unserem Tempo und in unserem Stil. Ich bat Gott, dass ich am nächsten Tag ein paar Zeilen über die Freude der Ankunft in der Bucht Buen Suceso würde schreiben können. Beinahe alle unsere Kleider waren nass, das Essen wurde knapp, und wir brauchten ein paar Tage Ruhe. Wir waren körperlich und geistig erschöpft. Langsam überkam mich der Schlaf, und ich träumte von den Bildern, die an der Zeltwand geflimmert hatten.

TAG 22 Es war eine Qual, aufzustehen und sich die nassen Kleider anzuziehen. Das Schlimmste waren die Schuhe; meine Füsse waren durchgefroren und ich musste mich bewegen, um die Kälte ein bisschen zu mildern. Wenigstens hatten wir etwas zu lachen, als wir Juans gefrorenen Bart sahen. Dieses haarige Nest aus Eis und Schnee erinnerte mich an ein Foto, das ich in einem Buch über Ernest Shackletons Expedition zur Antarktis gesehen hatte. Auf einem der Bilder zeigte ein Seemann der *Endurance* seinen Bart, der genau gleich aussah wie jener unseres Begleiters in diesem Moment.

Es war ein schrecklicher Tag, es schneite leicht und die Sicht war schlecht. Wir gingen den Bergen entlang und liessen uns ausschliesslich von unserer Intuition leiten, denn an einem Tag wie diesem war es unmöglich, zu bestimmen, in welche Richtung wir uns bewegten. Es gab keine Farbunterschiede, es herrschte nur ein einziger grauer, bleicher und entmutigender Schleier. Wir betrachteten den Kompass und studierten das Satellitenbild, obwohl wir wussten, dass beides nichts brachte. Wir waren hoffnungslos verloren. Blind gingen wir durch Wälder und Schluchten. Das Problem war, jenen Durchgang zu finden, der uns zur Bucht Buen Suceso führen würde. Mit dem Kompass versuchten wir, uns einen Ausgang aus dieser dichten Vegetation und dem schwammigem Boden zu verschaffen, wir drehten uns allerdings ständig im Kreis. Schliesslich beschlossen wir, einem kleinen Bach zu folgen. Wir vermuteten, dass er irgendwann einmal ins Meer münden musste. Obwohl wir nicht wussten, wo, war dies trotzdem noch besser, als ohne jegliche Anhaltspunkte zu wandern.

Während Stunden gingen wir den Wasserlauf entlang und bahnten uns einen Weg durch die gefallenen Stämme, die herabhängenden Äste und die Blätter der Immergrünen Buchen. Wir kamen zu einer kleinen Lichtung, von wo aus Leo und Juan die Bucht Buen Suceso zu sehen glaubten. Bei genauem Betrachten des Panoramas konnte Juan in der Ferne das unverwechselbare Rot der Einheit der Küstenwache ausmachen. Nicht, dass ich an der Sehschärfe meiner Expeditionsbegleiter gezweifelt hätte, aber ich wollte noch weitergehen, da ich meine Brille nicht auf hatte und so die ersehnte Hütte nicht sehen konnte. Etwas später, von einem kleinen Hügel aus (und mit meiner Brille) konnte auch ich ganz klar die Bucht und die Einheit erkennen, von der wir in den letzten Tagen so oft geträumt hatten. Unsere Freude war unermesslich. Wir hatten nur noch einen Wald zu durchqueren, der nicht zu unterschätzen war. Er bereite uns jedoch keine grossen Schwierigkeiten, im Gegenteil, es kam uns schon fast vor wie ein Spaziergang ins Paradies. Es ist wirklich unglaublich, wie sehr die Wahrnehmung der Dinge vom eigenen Befinden abhängig ist. Die dunklen Gänge der Hölle können sich in goldene Himmelstore verwandeln. Oder umgekehrt...

Als wir den Wald hinter uns gelassen hatten, mussten wir ein Gebiet voller Dämme, Stauseen und von Bibern umgestürzten Stämmen überqueren. Dies schien wie eine Art Hauptquartier dieser Nagetiere zu sein. Es fehlten uns nur noch wenige Schritte bis zur maximalen Freude, bis wir den Sand der Bucht Buen Suceso unter unseren Füssen spüren würden, ein Moment, der uns sehr bewegte. Ich konnte mir ein paar Tränen nicht verkneifen, versteckte sie aber hinter der Fassade eines harten Mannes. Ich weiss nicht warum, ich wollte einfach nicht, dass Leo und Juan mich weinen sahen. Mit dem Ärmel meiner Jacke wischte ich mir über die Augen und wir begannen, den Moment zu feiern und machten Fotos, um die Spuren der *Nomaden von Mitre* in der Bucht Buen Suceso festzuhalten. Natürlich vergassen wir auch unser Symbol nicht, das uns überall hin begleitete und die grossen Meilensteine unserer Expedition mit uns feierte: die Argentinische Nationalflagge.

Feierlich gingen wir in Richtung der Einheit, über die letzten Meter, die uns vom Paradies trennten, nach dem wir uns in den letzten Tagen so sehr gesehnt hatten. Fast unbeeindruckt gingen wir am Posten Luis Pedro Fique vorbei, von dessen Existenz wir gewusst hatten, obwohl uns sein genauer Standpunkt nicht bekannt gewesen war. Wir wollten ihn nicht im Detail erforschen, ein kurzer Blick im Vorbeigehen erschien uns mehr als ausreichend. Wir wollten die Ankunft beim Militärposten, wo uns die verschiedensten Leckereien erwarteten, nicht mehr länger hinauszögern. Draussen war niemand zu sehen, aber die laute Musik, die aus einer Art Werkstatt drang, bestätigte unsere Erwartungen, dass wir hier Menschen vorfinden würden.

Ein Infanterist der Marine namens José Manuel empfing uns herzlich. Er lud uns ein, die Schuhe auszuziehen und einzutreten. Sofort bot er uns etwas Heisses zu trinken an. Leo und Juan entschieden sich für *mate*, während ich von den argentinischen Traditionen abwich und eine gute Tasse Milchkaffee vorzog. Das hatte ich wirklich nötig. Ich weiss nicht mehr, ob José uns von der verlockenden Torte auf dem Tisch angeboten hatte, bevor oder nachdem wir schon ein halbes Stück davon verschlungen hatten hatten. Nach und nach lernten wir den Rest der Belegschaft des Postens kennen. Alle stellten sich als sehr liebenswerte Personen heraus. Das Eis war blitzschnell gebrochen, und schon kurz nach unserer Ankunft schien es, als ob wir uns schon ewig gekannt hätten. Wir boten ihnen etwas mitgebrachten Käse und Salami an, wozu wir eine gute Flasche Wein tranken. So wurde auf die glückliche Begegnung und in gewisser Weise auch auf unsere verdiente Rast angestossen.

Noch nie in meinem Leben hatte eine simple Dusche eine solche Bedeutung wie in dieser Nacht. Alltägliche Dinge wie ein Bad, eine Süssigkeit oder ein Glas Saft bekamen auf unserer Reise in dieser Gegend plötzlich einen unermesslichen Wert. So sind wir Menschen nun mal: Man schätzt die Dinge erst wirklich, wenn man auf sie verzichten muss. Deshalb glaube ich, tut es manchmal gut, etwas entbehren zu müssen. Auf diese Weise erkennen wir die wahre Bedeutung dessen, was uns sonst alltäglich und selbstverständlich erscheint. Mit anderen Worten; sich von Dingen fernzuhalten, bewirkt nicht, dass wir sie vergessen, sondern vielmehr, dass wir sie noch mehr lieben lernen. In diesem Sinn gebe ich zu, dass es mir gut getan hat, mich für eine Weile von der Zivilisation und der Welt zurückzuziehen, mich in zeitlosen Gegenden zu verlieren und die Einsamkeit am Ende der Welt zu bereisen.

Die Dunkelheit brach herein und kündigte damit die Zeit fürs Abendessen an. Ich fühlte mich etwas seltsam und beschämt, weil ich den Teller Nudeln, den José Manuel mir geschöpft hatte, nicht aufessen konnte. Doch nach so vielen Tagen mit nur einer Mahlzeit pro Tag hatte sich mein Appetit ziemlich vermindert. Aus Stolz versuchte ich, die schmackhafte Pasta aufzuessen, die mit dem Kontrast der roten Sauce zu dem weissen Teller sehr einladend war. Doch auch mit grosser Anstrengung schaffte ich nur knapp die Hälfte.

Nach dem Essen war es Zeit für Sport. Wir *Nomaden* forderten das Team der Marine zu einer Partie Tischtennis heraus. Leo und Juan waren unsere Vertreter, während ich den Wettkampf von einem bequemen Sofa aus überwachte. Wie auch auf der Wanderung bewiesen die Expeditionsteilnehmer Mut und Tapferkeit. Trotz ihrer Hartnäckigkeit und ihrer Anstrengung behauptete sich die militärische Taktik jedoch gegen die müden Herausforderer und das Spiel ging knapp zugunsten des Teams der Marine aus. Wir liessen die Nacht mit ein paar Filmen ausklingen, die wir vor Ort gefunden hatten. Bevor ich mich schliesslich dem verdienten Schlaf hingab, brachte ich noch die Geschehnisse des Tages zu Papier. Nachfolgend möchte ich einige Linien aufzeichnen, die sowohl die in mir aufkommenden Gefühle im Bezug auf das bisher Erlebte sowie die Erwartungen für den Rest der Reise wiedergeben:

„Es war wirklich ein langer und harter Abschnitt, glücklicherweise konnten wir ihn aber, abgesehen von meiner Isomatte und zwei Litern Brennstoff ohne grössere Verluste bewältigen. Wir sind am Leben, gesund und bereit, uns den weiteren Herausforderungen der Halbinsel Mitre zu stellen. Dies war das Wichtigste von allem, das grösste Ziel der ganzen Expedition: die Gesundheit und das Überleben eines jeden Mitglieds zu sichern."

TAG 23

Ich stand um zehn Uhr auf, da ich nicht mehr weiterzuschlafen konnte. Erholt, ohne Wecker und ohne vor Kälte zu zittern aufzuwachen, war eine ganz neue Erfahrung. Es war auch etwas Besonderes, Milch mit Kakao und frisches, hausgemachtes Brot zum Frühstück zu haben. Und das Beste von allem war, dass wir das Essen für einmal nicht sorgfältig in gleiche Rationen aufteilen mussten.

Es war ein prächtiger Morgen und ich nutzte die Gelegenheit, die Küste der Bucht Buen Suceso zu erkunden. Ich beschloss, den Posten Fique[17] zu besuchen. Als ich eintrat, konnte ich auf den ersten Blick erkennen, dass er in einem guten Zustand war. Ich inspizierte ihn aber nicht bis ins Detail, da ich mich nicht länger aufhalten wollte und die Freundlichkeit und Wärme der militärischen Einheit in diesem Moment durch nichts übertroffen werden konnte.

Während ich über die Sandstrände ging, kam mir unweigerlich der Name Anne Chapmans in den Sinn, einer Anthropologin, über die ich vor Beginn der Expedition gelesen hatte. Da sie in den siebziger Jahren ebenfalls diese Küsten durchquert hatte, hatte ich begonnen, mich für ihre Geschichte zu interessieren. Die kühne Forscherin hatte ihr Abenteuer bei der Estancia María Luisa begonnen, genau dort, wo wir unseres beenden würden. Chapman war es, die zahlreiche Interviews mit Ureinwohnern der Ethnie der Ona und einigen der Haush aufgenommen hatte, welche wichtige Erkenntnisse zur Anthropologie Feuerlands beigetragen haben.

Zu Ehren dieser bedeutenden Frau möchte ich nachfolgend einige ihrer Beschreibungen der Eigenschaften der Bucht Buen Suceso aufzeichnen[18]:

„Die Bucht hat die Form eines Quadrats, welchem eine Seite fehlt. Sie wird von einem dunklen Wald begrenzt, und der Strand endet an den zwei äussersten Punkten in grossen schwarzen Felsblöcken. In ihrem Inneren verwandelt sich die Bucht in einen Sumpf, in dem hohes Schilf wächst."

---

17. Dieser Posten wurde vom Museo del Fin del Mundo als unterstützende Infrastruktur für das Proyecto Extremo Oriental del Archipiélago Fueguino (PEOAF) errichtet. Er wurde von den vielen Kampagnen genutzt, die im Rahmen dieses Projekts durchgeführt worden waren, sowie von den Expeditionsgruppen der Escuela Agrotécnica Salesiana, unter der Leitung von Ángel de Andrés.
18. CHAPMAN, Anne, in: Revista Karukinka 2, S.12.

Besser hätte sie es nicht beschreiben können. Ihre Worte sind ein getreues Abbild dessen, was sich vor meinen Augen präsentierte.

Ich liess meine Gedanken weiter reisen und landete bei den Schiffen, mit denen die Gebrüder Nodal 1619 gesegelt waren. Sofort kamen in meinem Kopf die Bilder jener Reise hoch. Mit Klarheit konnte ich die zwei mutigen Spanier, Gonzalo und Bartolomé, an Bord ihrer Schiffe sehen, der *Nuestra Señora del Buen Suceso* und der *Nuestra Señora de Atocha.* Unter ihnen der berühmte Kosmograph Diego Ramírez de Arellano. Sie waren Ende 1618 von Lissabon auf eine Entdeckungsreise zu der Meerenge Le Maire und der Magellanstrasse aufgebrochen. Sie überquerten den Atlantik, um an die Küsten Brasiliens zu gelangen. Lange Zeit hielten sie südlichen Kurs, bis sie die Magellanstrasse erreichten. Aufgrund der starken Winde konnten sie aber nicht hineinfahren, so dass sie weiter der Küste Feuerlands entlang segelten, bis sie St. Vincent's Day in der Meerenge Le Maire mündeten und diese deshalb nach ihm benannten.

Sie kamen in eine Bucht, die sie nach dem Namen eines der Schiffe ihrer Flotte Buen Suceso tauften. Dort knüpften sie Verbindungen zu den Ureinwohnern der Haush[19]. Sie fuhren weiter durch den südlichen Atlantik, erforschten die Gegend und studierten die Küsten und die Geographie von Feuerland. Nachdem sie während neun Monaten die grosse Weite der südlichen Meere durchstreift hatten, kehrten sie nach Lissabon zurück.

Auf die Expedition der Gebrüder Nodal gehen einige der Namen zurück, die wir noch heute auf der Karte finden können, wie zum Beispiel Kap San Diego, Bucht Buen Suceso und Bucht Valentín[20]. Die Meerenge Le Maire und das Kap Horn behielten allerdings ihre früheren Bezeichnungen, da zu jener Zeit die Vormachtstellung der Holländer im Rennen um die Entdeckungen unbestritten war.

---

19. Sie erreichten die Bucht am 23. Januar 1619. Die Geschichte hat jenen Moment als die erste Begegnung zwischen Europäern und Ureinwohnern der Ethnie der Haush registriert.

20. Der Name des Kaps San Diego ist auf den Kosmographen der Expedition, Diego Ramírez de Arellano zurückzuführen; jener der Bucht Valentín auf den Steuermann eines der Schiffe der Flotte, Valentín Jansen.

Die historische Bedeutung der Bucht Buen Suceso ist aber nicht nur auf die eben erwähnten Ereignisse zurückzuführen. 1887 wurde die Einheit der Küstenwache von Ushuaia hierhin versetzt und blieb bis 1896 hier stationiert. Ihr Oberbefehlshaber, Luis Fique, war mit seiner ganzen Familie an diesen Ort gezogen, um die offizielle Abteilung zu übernehmen.

Aufgrund dieser wichtigen Ereignisse wurde die Bucht 1984 vom Präsidenten der Nation zum Nationalhistorischen Ort erklärt[21].

Um die historischen Aspekte ein wenig hinter uns zu lassen, möchte ich nun auf ein paar anekdotenhafte Erzählungen kommen, die mehr mit einfachen Themen des alltäglichen Lebens zu tun haben. Denn in der Einheit der Küstenwache fühlte man sich wie zu Hause. Wir wurden so gut umsorgt und man schenkte uns so viel Vertrauen, dass es schlicht unmöglich war, sich nicht wohl zu fühlen. Unser Aufenthalt in der Bucht war wie kleine Ferien, während derer wir unsere unmittelbaren Sorgen vergassen. Für ein paar Tage waren die Worte „Wanderung", „Kälte" und „Distanz" aus unserem täglichen Vokabular verschwunden, wie eine Art vorübergehender Gedächtnisverlust, der uns unsere Verpflichtungen als Expeditionsteam vergessen liess. Wir verbrachten die Zeit mit Vergnügungen, verschiedenen Spielen und vielen Filmen.

Die ruhige Atmosphäre und die Schönheit der Landschaft rund um den Posten inspirierten mich dazu, Tagebuch zu schreiben. Ich liess meinen Gedanken freien Lauf und mein Stift floss frei, unbeschränkt und richtungslos.

Wir hatten das Glück, von der Einheit aus die Umrisse der Staateninsel[22] erkennen zu können. Mehr als dreissig Kilometer trennten uns von ihr; trotzdem konnten wir ihren Zauber und ihre Geheimnisse spüren. Ich verblieb eine Weile an dieser Stelle, nährte meine Vorstellungen und schuf eine neue Welt in Zusammenhang mit jener mythischen Insel und all ihren

---

21. Nationalhistorischer Ort per Verfügung Nummer 3806.

22 Der Name der Staateninsel (*Isla de los Estados*) steht in engem Zusammenhang mit der Nationalität ihrer Entdecker, Le Maire und Shouten, welche sie zu Ehren ihres Vaterlandes tauften: die Generalstaaten von Holland.

Geschichten. Da kam ich natürlich nicht um Luis Piedrabuena[23] herum, einen Seemann, der eng mit dieser Insel verbunden ist. Und wenn ich schon dabei bin, muss ich die Geschichte erzählen, als dieser heldenhafte Argentinier mit seinem Schiff *Espora* an der Küste jener Insel Schiffbruch erlitt. Seine Erfahrung, seine Stärke und seine Intelligenz sind aber wirklich bewundernswert. Aus den Trümmern des Schiffes baute er ein kleines Boot, einen Kutter, den er *Luisito* nannte und mit dem er sich bis nach Feuerland retten konnte.

Ich erinnerte mich auch daran, dass es dort einmal ein Militärgefängnis gab, und plötzlich tauchte in meinem Kopf das Bild des Leuchtturms von San Juan de Salvamiento auf, der als Inspiration zu Jules Vernes Roman *Der Leuchtturm am Ende der Welt* weltberühmt wurde.

An der Stelle versprach ich mir im Stillen, dass ich jene Insel eines Tages bereisen würde. Die Landschaft war wirklich beeindruckend: die sinnbildliche Form mit den spitzen, von einem geheimnisvollen Nebel bedeckten Gipfeln. Ich bin sicher, dass ich dieses Bild nie mehr vergessen werde.

Ich bin noch nicht auf die spezifischen Funktionen der Einheit Buen Suceso eingegangen. In erster Linie dient sie dazu, Souveränität auszuüben. Hinzu kommt die Schifffahrtskontrolle in der Meerenge Le Maire. Es ist wichtig, die Zahl der Schiffe zu registrieren, welche aus allen Nationen hier vorbeikommen. Ihre Ziele sind unterschiedlich: Ushuaia, die Antarktis, die Insel Navarino, die feuerländischen Kanäle, Kap Horn. Die dritte und letzte Funktion dieser Abteilung der Marine besteht schliesslich darin, Wetterdaten an die anderen Stationen auf Feuerland weiterzugeben.

Nach einem reichhaltigen Abendessen und einem Nachtisch mit Anekdoten, Gelächter und Filmen, legte ich mich schlafen.

---

23. Die Staateninsel wurde Luis Piedrabuena von der Argentinischen Nation überlassen, als Anerkennung seiner Arbeit als Retter in den südlichen Meeren. In einem patriotischen Akt verzichtete er später auf dieses Land, um es der Regierung des Landes zu spenden. Man vermutet, dass der argentinische Seemann über hundert Schiffsbrüchigen das Leben gerettet hat.

TAG 24 Dies war der letzte Tag, den wir in der Bucht Buen Suceso verbrachten. Wir nutzten ihn, um den Proviant zu organisieren, die Ausrüstung vorzubereiten und die Rucksäcke zu packen. Wie Schnecken würden auch wir erneut unser Haus auf dem Rücken tragen müssen. Wir verpflegten uns ausgiebig und liessen uns nochmal die letzten Leckereien schmecken, bevor wir unsere einsame Reise wieder aufnehmen würden. Ausserdem studierten wir an diesem Tag auch die Karten, betrachteten das Relief und legten wichtige Punkte für unsere Route fest.

Dann wurde uns auch das Gästebuch des Postens zur Verfügung gestellt. Ich war nicht überrascht, die wie immer fröhlichen Worte von Ángel de Andrés und seinen Schülern vorzufinden. Aber zum ersten Mal stiess ich auf einen Eintrag meines Freundes Sergio Anselmino. Er vermittelte einerseits die Freude darüber, bis hierher gekommen zu sein, andererseits konnte man zwischen seinen Zeilen auch ein tiefes Gefühl der Traurigkeit und der Einsamkeit lesen. Auch wir schrieben unsere Erfahrungen nieder; in wenigen Worten beschrieb ich, wie sich unser Befinden vor der Ankunft bei der Einheit, als wir die Küste der Bucht erreicht hatten, von einem Moment auf den andern radikal verändert hatte. Und natürlich sprach ich auch der Belegschaft der Abteilung unsere tiefe Dankbarkeit aus.

Eine der Freizeitbeschäftigungen der Leute in der Bucht Buen Suceso ist die Kommunikation per Radio mit dem Posten Parry, der sich auf der benachbarten Staateninsel befindet. Ich kann mir vorstellen, dass dies, abgesehen von einer schönen Form des Zeitvertreibs, auch ein Mittel gegen die Einsamkeit sein muss. Besonders für die Leute in Parry, welche nicht einmal Schiffe vorbeiziehen sehen.

Wie fast an jedem gewöhnlichen Tag im Leben der abgeschiedenen Soldaten wurden auch in dieser Nacht die Funkwellen der beiden Posten über das Wasser der Meerenge Le Maire gesendet, trafen sich am selben Ort zur selben Zeit und schufen auf diese Weise eine Verbindung zwischen den zwei argentinischen Einheiten. Dieses Mal hatten die Vertreter der Bucht Buen Suceso der Belegschaft von Parry eine grosse Neuigkeit zu berichten: Drei junge Männer waren zu Besuch auf dem Posten. Die

Leute der gegenüberliegenden Einheit mussten sich gefragt haben, wie diese an jenen Ort gekommen waren. Nicht per Schiff, nicht per Flugzeug, nicht per Helikopter, sondern zu Fuss. Wenn man bedenkt, dass diese Leute selten die Gelegenheit haben, überhaupt mit jemandem zu sprechen, erstaunt es nicht, dass sie sich mit den drei Wahnsinnigen unterhalten wollten, die schon dreihundert Kilometer zurückgelegt hatten und nochmals zweihundert vor sich hatten. Natürlich haben wir diese Einladung nicht abgelehnt. Im Gegenteil, es war eine Ehre für uns, Gedanken und Informationen mit diesen Leuten austauschen zu können. Sie sprachen uns ihre Unterstützung für unser Abenteuer aus. Wie die Leute in der Bucht Buen Suceso müssen auch sie fünfundvierzig Tage im Posten verbleiben und darauf warten, dass ihnen das Schiff *Alférez Sobral* ihre Ablösung bringt.

Unser letztes Abendessen in der Bucht Suceso genossen wir ganz besonders. Danach würden wir wieder auf die bürgerlichen Delikatessen verzichten und zur mageren Diät des Wanderers zurückkehren müssen. Nicht, dass ich mich darüber beklagen würde, es war unsere freie Wahl. Die letzten Stunden vor dem Schlafengehen verbrachten wir mit Kartenspielen und Filmen.

6
Der letzte Abschnitt

Von der Bucht Buen Suceso zur
Estancia María Luisa

Wer als Seemann oder Reisender in neuen Gegenden geboren wird, kennt keine Zaghaftigkeit.

Francisco Pascacio Moreno

TAG 25

An einem Tag wie heute, an einem 25. Mai, brach in Buenos Aires einst eine Revolution aus. Die Stimmung im Rathaus war bedrückend, die Leute versammelten sich auf der Strasse und drängten sich aufgeregt auf den damaligen Plaza de la Victoria, heute Plaza de Mayo. Das argentinische Volk wollte wissen, was vor sich ging...

Hundertfünfundneunzig Jahre sind seit jener Mai-Revolution vergangen, die alles andere als ein Versuch war, die Unabhängigkeit zu erreichen. Diese würde sich erst sechs Jahre später einstellen, am 9. Juli 1816.

Um diesem so wichtigen Ereignis für die Geschichte Argentiniens zu gedenken, machten wir ein paar Fotos mit unserer Nationalflagge.

Wir waren bereit zum Aufbruch. Ich glaube nicht, dass unsere Dankesworte ausreichend waren, um der Belegschaft der Einheit zu zeigen, wie viel uns der Aufenthalt in der Bucht Buen Suceso bedeutet hatte. Wir verabschiedeten uns von jedem von ihnen und marschierten los.

Während zehn Minuten genossen wir das Gefühl, mit trockenen Schuhen zu wandern. Kurz darauf mussten wir aber einen kleinen Fluss überqueren, was diesem Vergnügen für immer ein Ende setzte. Das eisige Wasser liess mich wieder zurück in die

Realität kommen, eine Realität, die wild und ungemütlich war, eine Realität von nassen Füssen und kalten Körpern.

Es war Zeit der Ebbe, weshalb wir der Küste der Bucht Buen Suceso folgen konnten. Bei Flut wäre dies unmöglich gewesen. Der Strand bestand nur aus einem schmalen Streifen, ein paar Meter von der Küste erhob sich bereits ein steiler und dicht bewachsener Hügel. Zudem war das Gelände nicht sehr einfach, es hatte viele grosse Steine, die durch das zyklische Kommen und Gehen des Meeres nass waren. Wir mussten vorsichtig gehen und jeden Schritt bewusst und mit Bestimmtheit aufsetzen. Denn man konnte sehr leicht ausrutschen.

Seit wir den Posten verlassen hatten, änderte sich unsere Richtung stetig. Statt uns gegen Osten zu bewegen, wie wir das während zweiundzwanzig Tagen gemacht hatten, wanderten wir nun Richtung Norden und nach dem Kap San Diego bogen wir nach Nordwesten ab. Auch wenn diese Angabe unwichtig erscheinen mag, für uns hatte sie einen tiefen Hintergrund und eine besondere Bedeutung: Von diesem Moment an waren wir auf dem Weg nach Hause…

Keiner von uns drei sagte etwas, aber unsere Stimmung war nicht die beste. Es lag in der Luft, wir hatten alle ein seltsames Gefühl. Zweifellos hingen wir noch an den Bequemlichkeiten und dem Nichtstun der vergangenen Tage. Aber wir mussten das überwinden, denn die Bucht Buen Suceso lag nun hinter uns und wurde zu einer der vielen Erinnerungen, zu einem entfernten Bild, das sich auflösen würde wie Worte im Wind.

Die Umstände zwangen uns nun wieder, vorwärts zu gehen, ohne zurück zu schauen, uns von Neuem auf das Gelände einzulassen und uns an seine unterschiedlichen Formen anzupassen. Entlang der Küste fanden wir grosse Mengen von Meeralgen, die teilweise den ganzen Weg bedeckten. Über sie hinwegzugehen, war wie ein Tanz auf einer grossen Fläche voller Seife.

Die Steine wurden immer grösser, bis wir gezwungen waren, darüber zu klettern, um unseren Weg fortzusetzen. Bei der nächsten Gelegenheit wandten wir uns vom Strand ab und stiegen höher hinauf. Dort kamen wir schneller uns sicherer vorwärts. Am Mittag machten wir Rast und assen ein luxuriöses Menu, das aus *tortas fritas* mit *dulce de leche*, dem argentinischen Karamell, bestand. Wie drei *Bon Vivants* tauchten wir in ein Meer von unbeschränkten gastronomischen Genüssen, wie es dies noch nie zuvor gegeben hatte in der Geschichte der *Nomaden von Mitre*.

Wir durchquerten Wälder und kleine Buchten, in welchen das Salz des Meerwassers sich abgesetzt hatte. Nach sechs Stunden erreichten wir die Bucht San Mauricio. Bevor ich fortfahre, muss ich eine Erklärung zur Herkunft ihres Namens machen. Sie wurde von Le Maire und Shouten entdeckt, welche sie zu Ehren von Mauricio Nassau, dem damaligen Präsident der Niederlande, benannten. Ich bin nicht sicher, ob das „san", das (aus unbekannten Gründen) dem Namen des adligen Europäers vorausgestellt ist, seinem Willen entsprach. Wahr an dieser Geschichte ist aber zweifellos die Tatsache, dass Mauricio dadurch wie ein Heiliger verewigt blieb.

Ganz nach der üblichen Arbeitsteilung unserer Expedition übernahmen Leo und Juan die Aufgabe, das Zelt aufzustellen, während ich versuchte, ein Feuer zu machen. Die anderen beiden hatten keine Mühe, ihre Pflicht zu erfüllen, ich dagegen muss sagen, dass alle meine Versuche, ein bisschen Licht in das Dunkel der Nacht zu bringen, vergeblich waren. Ich gab mich geschlagen und ging ins Zelt.

Es war nicht einer jener Abende, an denen alles so wunderschön erschien. Leo war erneut in eine Art Depression geraten und liess seine schlechte Stimmung an Juan und mir aus. Es war klar, dass er seine Familie vermisste. Deshalb nahm ich es ihm nicht übel; ich versuchte einfach, ihn in Ruhe zu lassen und ihn seine Gefühle selbst klären zu lassen.

Nachdem wir einen Eintopf gegessen hatten, gingen wir schlafen.

TAG 26 Wie jeden Tag erinnerte uns das Läuten des Weckers unsanft daran, dass es Zeit zum Aufstehen war. Mit aller Geduld der Welt frühstückten wir noch in den Schlafsäcken.

Um elf Uhr morgens brachen wir in San Mauricio auf. Leo war immer noch bedrückt, weshalb wir ihn eine Zeit lang alleine wandern liessen.

Wenigstens war das Gelände viel besser als am Tag zuvor. Zuerst marschierten wir eine gute Weile dem Strand entlang, später über eine Art baumlose Terrasse, wo wir viele Guanako-Spuren fanden. Während diesem Tag haben wir eine Menge dieser witzigen Kamele gesehen. Im Verlauf der Zeit besserte sich Leos Stimmung allmählich. Juan und ich beschlossen, diese gute Neuigkeit mit ein paar verstimmten Liedern zu besingen. Zum Glück konnte sich niemand über unsere schlechte musikalische Vorführung beklagen; unsere Stimmen verloren sich in den eisigen Wellen und wurden von den ewigen Winden davongetragen.

Wenn die Mutter Natur denken könnte (obwohl ich glaube, dass sie zu weise ist und dies nicht nötig hat), hätte sie sich unter unserem Gesang vielleicht einen Anruf an die Gnade der Götter vorgestellt, eine Bitte um gute Ernten und die Gesundheit unserer Seelen. Und vielleicht hätte sie sogar Recht gehabt. Nach fünf Stunden intensiven Marsches konnten wir die unverwechselbare Gestalt des Leuchtturms San Diego ausmachen. Unsere Stimmbänder verschmolzen meisterhaft in einem einzigen Schrei: „Leuchtturm!“. Genau wie der Schrei für *rancho,* bedeutete auch dieser, eine Mission erfüllt und ein kleines Stück in diesem fünfhundert Kilometer langen Puzzle gefunden zu haben…

Der Leuchtturm San Diego hat einen Sockel aus Beton und in seinem oberen Teil eine grosse Lampe, die aber, nach ihrem Äusseren zu schliessen, nicht zu funktionieren schien. Wir mussten kein Zelt aufstellen, da uns der Sockel der Konstruktion als Unterstand diente. An den Wänden im Innern fanden wir die Zeugnisse der üblichen Nomaden und auch von einigen uns unbekannten Personen. Die Unterschriften von Ángel de Andrés und Sergio Anselmino fehlten natürlich nicht. Anselmino schrieb, dass er in Ushuaia gestartet und ohne sich von der Küste

Der Leuchtturm San Diego, der östlichste Punkt der Isla Grande von Feuerland.

zu trennen zum Kap San Diego, dem östlichen Punkt der Isla Grande von Feuerland, gekommen sei. Er fügte hinzu, dass seine Einsamkeit gross war, dass er sich aber trotzdem gut fühlte. Als ich dies las, überlief mich ein Schauder.

An einer der Mauern lasen wir die Worte eines anderen Waghalsigen, der es gewagt hatte, seine Grenzen zu testen, indem er sich auf eine Reise gegen alle Herausforderungen begeben hatte. Sein Name war Salas. Er machte keine grossen Ausführungen, weder über seine Route noch sein Alter oder seine Ziele; er erwähnte lediglich, dass er allein unterwegs war. Diese Worte tönen noch immer wie ein langes Echo in meiner Erinnerung: „allein unterwegs…" Vielleicht war dies die einzige Art und Weise, sich als ein besonderes Wesen auf der Welt zu fühlen: in ein räumliches und zeitliches Nichts einzutauchen, auf die Uhr zu verzichten und sich im Zauber der Wälder, in der Herausforderung der Berge und den Stürmen der Meere zu verlieren. Jetzt, wo ich es erlebt habe, kann ich sagen, dass die Halbinsel Mitre mit Sicherheit ein mehr als geeigneter Ort dafür war, dieses Ziel zu erreichen.

Es hatte eine grosse Menge Brennholz im Leuchtturm, weshalb es mir nicht schwer fiel, ein ansehnliches Feuer zu entzünden. Es wurde dunkel und alle drei schauten wir erwartungsvoll auf die Lampe des Leuchtturms San Diego. In jedem Moment würde sein kraftvolles Licht angehen, Bilder in den Ozean zeichnen und die Route der Seefahrer erleuchten. Ich war ziemlich enttäuscht, als alles in absoluter Dunkelheit blieb. Die Vermutung, dass die Lampe nicht funktionierte, hatte sich bestätigt. Es gab kein Licht und keine Schiffe, nur uns und ein Feuer, welches einen sanften Glanz auf unsere Gesichter warf.

Der einheitliche Wunsch für das Abendessen war, uns ohne Einschränkungen satt essen zu können. Wir kochten Hamburger und verschlangen jeder deren sieben, indem wir mit einigen *tortas fritas*, die uns noch von Buen Suceso übrig geblieben waren, belegte Brote machten.

Wir setzten Wasser auf und tranken einen guten *mate* und etwas Tee. Wie schon in so vielen Nächten, überraschte uns der Regen im besten Moment, als wir entspannt in der Wärme der leuchtenden Flammen sassen. Es schien, als ob die Wassertropfen vom Himmel uns sagen wollten, dass nun genug war, als ob sie dem Genuss Grenzen setzen wollten. Wir begaben uns in den Leuchtturm, machten es uns bequem und schliefen ein.

TAG 27 Leos Verhalten an diesem Morgen entsprach nicht unbedingt unseren Vorstellungen. Während Juan und ich alles zusammenpackten, schlief er tief und fest. Wir hatten schon gefrühstückt, er hatte sich jedoch nochmals in seinen Schlafsack verkrochen. Wir versuchten, ihn zu wecken, aber es schien, als ob er hier Wurzeln schlagen wollte, in diesem alten, heruntergekommenen Leuchtturm. Wir wollten ihn zum Aufstehen ermuntern, denn es wurde langsam Zeit, aufzubrechen. Ich vermutete, dass er wieder von Einsamkeit geplagt wurde, ein Schmerz, der in seinem Fall nur durch die Liebe seiner Familie geheilt werden konnte.

Es war ein wunderschöner Tag, keine einzige Wolke war am Himmel zu sehen und die Sonne strahlte kräftig in alle vier Himmelsrichtungen. Im Süden, weit entfernt, konnten wir eindeutig die Umrisse von Atocha, Campana und Pirámide sowie der Schwarzen Berge erkennen. Die beiden Gebirgsketten hatten verschiedene Bedeutungen für uns. Mit den ersten verbanden wir Sicherheit, Vertrauen und Freude; denn als wir uns von der Küste entfernt hatten, orientierten wir uns in ihrer Umgebung sehr gut und erzielten ausgezeichnete Resultate. Die zweiten hingegen brachten wir mit Unsicherheit, Schwäche und Mutlosigkeit in Verbindung; in ihrer Nähe verloren wir die Orientierung und irrten während fast drei Tagen auf Umwegen herum. Trotz der verschiedenen Hintergründe, die die Berge für uns hatten, waren sie alle von einer besonderen Schönheit. Und wenn ich daran denke, dass wir vor zehn Tagen noch an jenem Ort waren... Der spanische Dichter Antonio Machado hatte Recht mit seinem berühmten Satz: „Wanderer, es gibt keinen Weg, der Weg entsteht beim Gehen."

Der Boden war hervorragend, um vorwärts zu kommen. Die Guanako-Spuren waren auf dieser Höhe gut gefestigt. Wir überraschten eines dieser Tiere hinter einem kleinen Hügel. Als es uns bemerkte, waren wir nur noch knapp zwei Meter von ihm entfernt, und es floh, so schnell es konnte. In seiner Eile stolperte es und fiel hin. Es war witzig, zuzuschauen, wie es versuchte, wieder auf die Beine zu kommen: Es schien, als ob es auf dem Boden gekitzelt würde, es schüttelte seine Beine krampfartig, wie bei einem heftigen Lachanfall. Rasch erholte es sich aber und flüchtete in Windeseile. Das Guanako war ein gutes Beispiel, es nahm sein Missgeschick mit Humor...

Nach zweieinhalb Stunden intensiven Wanderns konnten wir die Bucht Thetis[1] erkennen, die auf den ersten Blick unendlich schien. Wir machten einen verdienten Halt und assen ein paar *tortas fritas* mit Käse. Von hier aus konnten wir deutlich die Geographie der Bucht ausmachen. An zwei Stellen wurde sie ganz schmal, wie ein grosser Beutel, der an zwei Enden verknotet ist. Genau gegenüber von uns, auf der anderen Seite der Mündung (die Stelle war weniger als dreissig Meter breit), sahen wir eine Reihe kleiner Häuser. Wir wussten, dass es irgendwo einen Übergang geben musste, kannten aber seine genaue Position nicht; es musste bei der ersten oder zweiten engen Stelle sein. Wir beschlossen, der Bucht entlang noch etwas weiter Richtung Süden zu gehen. Dort überquerten wir einen Flussarm, wobei uns das Wasser bis zu den Hüften reichte. Es lag noch ein zweiter vor uns, der nicht sehr schmal war und dessen Wasser eine stärkere Strömung hatte. Leo bot sich an, die Feuertaufe zu machen. Er legte den Rucksack ab, wir sicherten ihn mit einem Seil und langsam begann er, in Richtung des gegenüberliegenden Ufers zu waten. Als ihm das Wasser aber bis zur Brust reichte, entschied er sich, den Versuch aufzugeben. Die Strömung war sehr stark und es bereitete ihm grosse Schwierigkeiten, vorwärts zu kommen. Es war klar, dass dies nicht die geeignete Stelle war, um ans andere Ufer zu gelangen. Leider würden wir wohl oder übel um die ganze Bucht herum gehen müssen. Dies würden wir aber nicht mehr heute auf uns nehmen; am nächsten Tag würden wir genug Zeit dafür haben.

An dem Küstenabschnitt, auf dem wir uns befanden, erkannten wir in der Ferne einen *rancho.* Wir hielten es für angemessen,

---

1. Ursprünglich wurde sie *Verschoor* genannt, zu Ehren des Konteradmirals der Flotte der niederländischen Expedition von Jacques Le Hermite, die am 29. April 1623 in See gestochen war. Der heutige Name geht auf eine englische Expedition unter dem Kommando des Kapitäns Robert Fitz Roy zurück, der sie in Erinnerung an ein Schiff benannt hatte, welches den Namen der griechischen Göttin des Meeres, Tochter von Zeus und Hera, trug und 1830 im Kap Frío, in der Nähe von Río de Janeiro, Schiffbruch erlitt (vermutlich mit grossen Reichtümern an Bord).

die Nacht dort zu verbringen. Vielleicht hatten wir sogar das Glück, Nahrungsmittel vorzufinden. Leo kam als erster an und blieb wie versteinert vor der Türe stehen. Juan und ich fragten uns, welcher Schatz unseren Freund wohl derart verblüfft hatte. Als wir die Hütte erreichten, bemerkten wir, dass Leos Erstaunen einem riesigen Loch in der gegenüberliegenden Wand galt (welche nicht einmal mehr ganz aufrecht stand). Manchmal ist es besser, die positive Seite der Dinge zu sehen. Mit dieser Haltung ist das Leben nicht so hart. Wenn ich mich an die unmittelbare Realität gehalten hätte, hätte ich gesagt, dass das, was wir vor uns hatten, ein heruntergekommener *rancho* war, zerbombt von unsichtbaren Piloten, die die Rasse der Wanderer ausrotten wollten. Es war aber viel schöner zu sagen, dass wir ein helles *Loft* mit freier Sicht aufs Meer gefunden hatten.

Einmal mehr bewiesen wir, dass wir ein starkes und vereintes, ein schnelles und effektives Team waren. Während ich Feuer machte, suchten Juan und Leo Holz, richteten das Lager ein und bereiteten *tortas fritas* zu. Die Abläufe waren perfekt abgestimmt. Nach ein paar Minuten sassen wir schon ganz entspannt am Feuer und genossen eine Runde *mate* mit frisch gebackenen *tortas fritas.* Wir waren wunschlos glücklich; wir hatten ausreichend zu essen, warme Kleidung und einen Platz zum Schlafen. Es fehlte uns an nichts; wir brauchten kein Auto, kein Haus, und kein Geld. Wir begnügten uns mit Luft, Feuer, Wasser und Erde: die vier grundlegenden Lebenselemente.

Obwohl der *rancho* dieses grosse Loch hatte, schien der Wind lieber durch die Türe eindringen zu wollen. Mit vereinten Kräften versuchten Leo und Juan, sie zu befestigen. Sie verwendeten einen Plastik, der uns als Unterlage für das Zelt diente, und konstruierten damit einen Windschutz, den sie über der Tür befestigten. Es war ein wunderbares Kunstwerk, vielleicht eines der wichtigsten und wertvollsten auf der ganzen Halbinsel. Das System war wo wirksam, dass wir diesen Unterstand „Rancho der luftdichten Tür“ nannten.

Wir kochten einen Eintopf mit Kichererbsen und Reis. Unsere Wäsche war trocken, unsere Bäuche satt und die Herzen glücklich. In der Wärme des Feuers fehlte es niemals an Gesprächsthemen.

Wir redeten über unsere persönlichen Sehnsüchte, unsere Ideen und unsere Ansichten des Lebens. Es war seltsam, darüber nachzudenken, was wir machen würden, wenn wir in die so genannte Zivilisation zurückgekehrt sein würden. Das Essen war eines der Hauptthemen. Wir überlegten uns, was wir zu Hause als Erstes essen wollten. Zuoberst auf der Liste stand *dulce de leche, alfajores* (eine Art Süssgebäck aus zwei Keksen mit einer Füllung), Eis, Fleisch, Kartoffelstock und Gemüse. In Wirklichkeit würden wir alles essen, was durch die liebevollen Hände einer guten Frau, einer fürsorglichen Mutter oder einer verwöhnenden Grossmutter zubereitet wurde.

Leo meinte, dass wir noch fünf Tage brauchen würden, um zur Estancia María Luisa zu gelangen. Ich war wieder einmal etwas zurückhaltender und rechnete damit, dass es noch mindestens eine Woche dauern würde, bis wir das Ziel unserer Reise erreicht haben würden.

Nachdem ich reichlich Brennholz gesammelt und noch einen köstlichen Tee getrunken hatte, legte ich mich schlafen.

TAG 28

Als ich erwachte, sah ich die Sonnenstrahlen durch die Löcher des *rancho* scheinen. Von meinem Schlafsack aus konnte ich nicht nach draussen sehen, ahnte aber, dass es ein prächtiger Wandertag werden würde.

Nachdem wir alles in Ordnung gebracht und ausreichend Brennholz im *rancho* deponiert hatten, setzten wir uns in Bewegung. Ich hatte Recht gehabt; obwohl es noch ziemlich kalt war, war der Himmel klar und die Sonne schien aus voller Kraft. Ich erinnere mich gut an die Worte von Sergio Anselmino, als er den Umweg erwähnt hatte, den er um die Bucht Thetis hatte machen müssen. Jetzt waren wir dran, diesen Weg unter die Füsse zu nehmen. Gemäss seinen Erklärungen würden wir dafür etwa sechs Stunden brauchen. Der einzige Unterschied war, dass Sergio den Weg nachts gemacht hatte, weshalb ich dachte, dass wir vielleicht etwas schneller sein würden. Von den Angaben des einsamen Wanderers war mir besonders geblieben, dass er uns vor den kleinen Bächen entlang des Weges gewarnt hatte. Es handelte sich dabei jedoch keineswegs um dünne Bächlein; sie waren nicht sehr breit, schienen aber ziemlich tief und führten ganz dunkles Wasser. Ich musste dies gleich zu Beginn der Strecke feststellen, als ich beim Überqueren von einem der Bäche bis zum Bauch nass wurde. Diese kleinen Ströme reichten weiter, als wir von blossem Auge sehen konnten, sodass wir keine andere Wahl hatten, als uns ihnen zu stellen und in ihre mysteriösen Tiefen einzutauchen. Natürlich war es ziemlich kalt dafür, auch wenn wir unsere Körper beim Weitergehen jeweils schnell wieder aufwärmen konnten. Ich hatte gedacht, dass wir an diesem Tag noch einige davon antreffen würden, glücklicherweise waren es am Ende aber nur deren drei, was immer noch mehr als genug war.

Gegen Mittag assen wir ein paar *tortas fritas*, welche Leo am Tag zuvor zubereitet hatte. Er hatte sich beklagt, weil sie ihm seiner Meinung nach etwas misslungen waren. Ich für meinen Teil muss aber sagen, dass es einige der besten *tortas fritas* waren, die ich je gegessen hatte. Vielleicht lag es auch daran, dass meine Wahrnehmung etwas durch den grossen Hunger getäuscht wurde. Sie waren aber wirklich köstlich.

In einem guten Tempo hatten wir schon zwei Stunden zurückgelegt. Wir studierten die Karte und schlossen darauf, dass wir nicht mehr weit vom anderen Ufer entfernt sein konnten, vom Paradies auf Erden, wo wir einmal mehr die grosse Freude haben würden, die Nacht in einem Unterstand verbringen zu können. Es war Ebbe, was uns unser Vorhaben um einiges erleichterte. Wir kamen zu einer Stelle, wo der Boden ganz weich war: Wir befanden uns an einem Ort, der während der Flut jeweils vom Wasser überschwemmt wurde. Hier überquerten wir einen Fluss. Auf der anderen Seite angekommen, waren wir sehr erleichtert, da wir gedacht hatten, dass uns die Flut vielleicht unerwartet überraschen könnte. Der freudige Moment wurde auf Video aufgenommen: Juan filmte uns, kaum waren wir am Ufer angekommen. Wir schrieen und sprangen vor Freude in die Luft, da wir schon fast am Ziel des heutigen Tages waren. Nach einer weiteren halben Stunde erreichten wir die erhofften *ranchos*, welche wir am Tag zuvor von einem Hügel auf der gegenüberliegenden Seite der Bucht betrachtet und ersehnt hatten. Die ersten Konstruktionen, die wir vorfanden, gehörten zu einer Einheit der argentinischen Küstenwache, die hier zwischen 1889 und 1895 in Betrieb gewesen war, und zu einem Haus, wo die mutigen Männer untergebracht worden waren, die sich hier niedergelassen hatten, um eine Seelöwen-Zucht aufzubauen. Von aussen sahen die Hütten nicht schlecht aus, im Innern waren sie aber ziemlich beschädigt. Wir fanden Pfannen, leere Flaschen und eine Küche mit Feuerstelle, die völlig durchgerostet und daher nicht mehr zu gebrauchen war. In der Nähe dieser Konstruktionen befand sich ein alter Kessel, worin bestimmt das Fett der Seelöwen aufgekocht wurde. Wir gingen weiter und fanden eine Gedenktafel, die von der Salesianischen Mission errichtet worden war und an Monsignore Fagnanos Reise durch diese Gegenden erinnerte. Er war der Geistliche einer Expedition unter der Führung von Ramón Lista, welche am 31. Oktober 1886 gestartet war. Auch der Arzt Polidoro Segers war Teil dieser Forschungsreise, zusammen mit einer Truppe von fünfundzwanzig weiteren Männern[2].

---

2. Listas Expedition war von der Regierung angeordnet worden. Seine Hauptaufgabe war es, eine topohydrographische, anthropologische und linguistische Untersuchung entlang der Küsten zwischen der Bucht San Sebastián und der Bucht Thetis durchzuführen. Es war das erste Mal, dass Argentinier diese Reise unternommen haben, weshalb sie eine wichtige geopolitische Bestätigung bedeutete. Im Verlauf ihrer Reise gab es in der Bucht San Sebastián leider eine bedauerliche Konfrontation zwischen den Truppen von Ramón Lista und den Onas, was sechsundzwanzig Ureinwohner das Leben kostete.

Ein paar Meter weiter erreichten wir das, was in dieser Nacht unser Tempel sein würde. Über der Tür hing ein Schild mit der Aufschrift: Unterstand. Es gab kein besseres Wort in diesem Moment. Nach einem langen Marsch wollten wir *Nomaden* uns ausruhen. Leo lag noch etwas zurück, wir wollten einen Scherz mit ihm machen und sagten ihm, es wäre kein Unterstand vorhanden, nur eine alte, zusammengebrochene Hütte. Er glaubte uns kein Wort. Es war einer der besten *ranchos*, die wir je vorgefunden hatten; es hatte ein paar Tische, mehr als genug Stühle, die Betten waren in gutem Zustand und die Feuerstelle war viel besser, als wir erwartet hatten. In Wirklichkeit war es keine offene Feuerstelle, sondern ein Kessel aus Metall, der so gut erhalten war, weil Sergio Anselmino ihn im Jahr zuvor ausgewechselt hatte. Ich habe Fotos von der alten Feuerstelle gesehen und ich glaube, dass Sergios Arbeit grosse Anerkennung gebührt. Die Sauberkeit, im weitesten Sinne des Wortes, war beneidenswert im Vergleich zum Rest der Einrichtungen auf der ganzen Halbinsel.

An einer Wand entdeckten wir einen ziemlich grossen Schrank. Bevor ich ihn öffnete, stellte ich mir alle möglichen Nahrungsschätze

Alte Gebäude der Küstenwache und einer Seelöwen-Gerberei. Bucht Thetis.

vor, die mich erwarten würden. Die Ausbeute war leider ziemlich mager, wir fanden aber ein Päckchen getrocknetes Basilikum, ein Geschmack, der uns bis anhin absolut fremd und deshalb von grossem Wert für uns war. Ich fühlte mich wie jene Seefahrer vergangener Zeiten, die, nachdem sie während unendlicher Tage die Weiten der Meere durchquert hatten, den Überfluss der Gewürzinseln erreichten. Natürlich konnten wir nicht wie sie gerade auf Tonnen von Basilikum zählen, es war aber mehr als genug, um unser Essen abzuschmecken. Ausserdem hatten wir auch nicht ein ganzes Königreich zu ernähren.

Überall im Unterstand waren die Inschriften jener zu lesen, die diesen Ort vor uns besucht hatten. Einige hatten sich darauf beschränkt, ihren Namen zu verewigen; andere beschrieben ihre genaue Route mit Datum, Zielen und sogar ihren Gefühlen. Und wenn wir schon dabei sind, muss ich das Gästebuch erwähnen. Die meisten Einträge auf diesen Seiten waren üblicherweise mit viel Hingabe und ohne Eile geschrieben worden und erzählten in allen Einzelheiten von verschiedenen Reisen. Ángel de Andrés und seine Schüler, Osvaldo Bianchi, Sergio Anselmino. Ich erinnere mich, dass Sergio sehr tief auf die Ereignisse seiner einsamen Wanderung einging, nicht mit der Kälte eines Chronisten, sondern mit der Wärme und Spontaneität eines Kindes. In seinen Worten dankte er seiner Mutter und bekundete seine grosse Liebe für sie. Ein anderer Kommentar, der mich ebenfalls tief berührte, war jener von Adolfo Imbert. Er erklärte eingehend die Bedeutung der Pferde und deren Gutmütigkeit sowohl als Tiere als auch als Transportmittel. Ausserdem war er überzeugt, dass das Pferd trotz dem Fortschritt und den neuen Technologien weiterhin ein wichtiges Element im Leben der Menschen darstellen würde. Ich bin ganz seiner Meinung. Von einer seiner Expeditionen waren alle Namen der Teilnehmer aufgeführt, sowohl die der Personen als auch die ihrer entsprechenden Pferde. Don Quijote wäre nicht derselbe gewesen ohne sein Pferd Rocinante.

Vielleicht in Anlehnung an Adolfo hatten ein paar Motorradfahrer ihre Namen und den Hubraum ihrer jeweiligen Fahrzeuge niedergeschrieben. Diesen Eintrag fand ich merkwürdig, er rief in mir das gleiche Gefühl hervor, das ich beim Anblick eines Gauchos an einem Computer gehabt hätte. Ausserdem besitzen Motoren keine Seele, weshalb sie es nicht verdienen, mit einem Namen erwähnt zu werden.

Etwas Seltsames geschah, als Juan und ich hinausgingen, um Holz zu suchen. Wir wurden von einem Hund überrascht, schwarz wie die Nacht, der sofort in einen Fluss in der Nähe des Unterstands sprang. Wir wussten nicht, woher dieses Tier gekommen war. Wir wussten so wenig über ihn wie er über uns. Wir wussten nur, dass wir ihn wirklich gesehen hatten und dass er so schnell und auf geheimnisvolle Weise verschwand, wie er aufgetaucht war. Wir bekamen ihn nie wieder zu Gesicht und konnten auch keine Spur von ihm finden. Es gab niemanden in dieser Gegend, weshalb ich sicher bin, dass es sich um einen wilden Hund gehandelt haben muss.

Einige Meter hinter dem *rancho* fanden wir ein paar Bauten, die bestimmt auf die Zeit der Seelöwen-Industrie zurückgehen, welche hier vor mehr als einem halben Jahrhundert, von 1946 bis 1952, in Betrieb gewesen war. Und wie ich schon erwähnt habe, stand sie unter der Verwaltung der SADICCAP (Argentinische Industrie-, Handels-, Jagd- und Fischereigesellschaft). Von den Seelöwen wurden sowohl die Leder als auch das Fett genutzt. Das Fett, das zuerst zu Öl verarbeitet werden musste, diente als Nahrung für die Gerberei und zum Schmieren der schweren Maschinen. Allerdings hatten die Felle im Vergleich zu den Ledern aus Südafrika, Uruguay und Alaska einen niedrigen Wert. Ein klarer Beweis für die schwache Konkurrenzfähigkeit auf dem Markt sind die vielen liegengelassenen Felle, die hier noch heute zu finden sind. Sie stapeln sich wie auf einem offenen Friedhof und stellen ein weiteres Denkmal dar, das wie so viele andere an die Habgier und die Dummheit der Menschen erinnert. Sicher hatten die Gründer jener Gesellschaft nicht in Betracht gezogen, dass der Aufwand, der durch die Löhne der Arbeitskräfte und den Transport verursacht wurde, grösser sein könnte als der Ertrag der Felle.

Viele der Seelöwen, die in Thetis getötet wurden, waren vom Kap San Vicente im Nordosten in die Bucht getrieben worden. Sie wurden umringt, um zu verhindern, dass sie ins offene Meer flüchteten. Wenn sie aber auf Muttertiere mit ihren Jungen stiessen, kamen die Treiber oft in Bedrängnis, da diese sich dann noch wilder und aggressiver verteidigten.

Wir kehrten zu unserem prächtigen *rancho* zurück. Als wir eintraten, wurden wir bereits von einem knisternden Feuer erwartet. Am meisten freute ich mich aber darüber, dass Leo sich schon an die wichtige Aufgabe gemacht hatte, ein paar *tortas fritas* zu kneten. Als sie gekocht waren, assen wir sie mit Käse und *pâté de foie*. Sie schmeckten köstlich.

Später übernahm ich die Aufgabe, Abendessen zu kochen – Nudeln mit Sauce. Wir hatten zum Glück noch ein paar Pakete Tomatenpüree, das wir vom Militärposten in der Bucht Buen Suceso mitgebracht hatten.

Nach einem ausgedehnten Nachtisch mit langen Gesprächen widmete ich mich meinem Tagebuch. Es gab viel zu erzählen, Ereignisse, die nicht fehlen durften auf den Seiten dieses Buches, das ich vielleicht auch im hohen Alter noch lesen werde. Ein Buch, das mir vielleicht dabei helfen wird, nochmals zurück zu kommen, wenn auch nur im Geist, an diesen traumhaften Ort, diese magische Gegend namens Mitre.

Im Schein der Kerzen blätterten wir noch etwas weiter im Gästebuch. Seite für Seite lasen wir die Worte jedes der anonymen Helden, die hier durchgekommen waren, Helden, welche nur an diesem Ort bekannt waren, wie wenn sie Figuren in einer Geschichte ohne Identität wären, Erlebnisse ohne Zeit, Heldentaten ohne Bedeutung. So wird die Halbinsel Mitre zu einem Ort, der inspiriert und fesselt, der einen verführt und an seine eigenen Grenzen bringt. Man wird sich seiner verborgenen Fähigkeiten bewusst, entdeckt unsichtbare Mächte und starke Kräfte. Auf Mitre gibt es keine Uhren, die Zeit ist unendlich; die Dämmerung ewig; die Nächte undurchdringbar. Jedes Wesen und jede Landschaft hat seinen Platz unter der Sonne. Alles ist geklärt, in perfektem Gleichgewicht. Es ist eine Insel in einer anderen, ein Stück Erde fern von der Realität Feuerlands.

Es gab nur zwei Betten, und da Leo der grösste von uns allen ist, mussten Juan und ich den Schlafplatz teilen.

TAG 29 Wir standen auf, frühstückten und bereiteten uns vor, unsere Reise fortzusetzen. Wir liessen den *rancho* besser zurück, als wir ihn vorgefunden hatten, machten einen Eintrag ins Gästebuch und gingen los.

Um viertel nach elf waren wir schon unterwegs. Wenn man uns gesehen hätte, hätte man denken können, dass wir Händler wären, die wertvolle Ware transportierten, um sie zum Tausch in entfernte Dörfer zu bringen, verloren am Horizont, versteckt hinter einer Wüste des Verlassens. Aber unsere Wirklichkeit war anders; wir wollten weder etwas tauschen noch Geld verdienen, wir waren nur drei Männer, die irgendwann einmal auf die Idee gekommen waren, sich selbst herauszufordern.

Es dauerte nicht lange, bis wir einen ersten Halt im *rancho* Tres Amigos machten. So war er jedenfalls auf der Karte bezeichnet. Wir assen die letzten *tortas fritas* mit pâté und tranken einen Tee. Wie andere Wanderer verewigten auch wir uns auf einer der Wände des Unterstandes: *„Nomaden von Mitre assen hier tortas fritas. 29/05/05"*.

Auf dem weiteren Weg kamen wir von einer Schlucht in die nächste. Ständig hoch und runter zu gehen wurde mit der Zeit ermüdend, aber wir hatten keine andere Wahl. Wenigsten hatten wir keine Schwierigkeiten, vorwärts zu kommen, es gab keinen Wald und der Boden war fest. In einem bestimmten Moment tauchten plötzlich sechs Kondore, Könige des Himmels und der Berge, aus der Tiefe eines Tals auf, flogen in unsere Richtung und boten uns ein spontanes Schauspiel, indem sie abstrakte Figuren in der Luft zeichneten. Einmal mehr fühlten wir uns durch die Umstände privilegiert.

Als wir uns schon in der gegenüberliegenden Schlucht befanden, bemerkte Leo, dass er seinen Wanderstock im vorherigen Tal liegen gelassen hatte, sicher an dem Ort, wo wir Halt gemacht hatten, um zu fotografieren. Wir wünschten, wir hätten den Willen und die Kraft gehabt, zurückzugehen und ihn zu holen, aber Leo beschloss, ihn dort zu lassen. Bestimmt liegt er immer noch am selben Ort, den stürmischen Winden, der Kälte des Regens und der Hitze der Sonne trotzend. Wer auch immer ihn einmal findet, er wird ihn als Beweis anschauen, dass schon einmal jemand durch diese ferne Gegend gekommen war, ein weiterer Geist, der die Ferne besiegt hat, ein unbekannter Held, der gegen das Vergessen gekämpft hatte.

Die schönste Überraschung und einer der Höhepunkte der ganzen Reise war aber, als wir auf den Gipfel eines Berges stiegen und auf einmal ein Kondor nach dem anderen auftauchte, bis schliesslich zwanzig Vögel über unseren Köpfen kreisten. Ja, zwanzig Kondore am Himmel, die uns aus der Nähe bespähten, die hoch in die Lüfte und wieder hinunter flogen mit ihren gigantischen ausgestreckten Flügeln, ihren weissen Halsketten, und ihren Schnäbeln und Kämmen; zwanzig Kondore, die mit ihrem Flug die Harmonie der ganzen Mutter Natur darzustellen schienen.

Ich weiss nicht mehr, wie lange dieses Schauspiel andauerte; in der unendlichen Freude versunken, verlor ich jegliches Zeitgefühl. Ich weiss nicht, ob die Uhren stehen geblieben waren oder schneller denn je getickt hatten. Tatsache ist, dass das Spiel der Vögel zwischen den Wolken ein Abbild von etwas völlig Ungewöhnlichem war, von einer Dimension jenseits der alltäglichen Erfahrungen. Es war fern von jeglicher Realität, unmöglich, in das Mass der Sekunden, Minuten und Stunden einzuordnen.

Während ich diese bewegende Szene fotografierte, tauchte plötzlich eine Kuh auf, die mich ziemlich unfreundlich anschaute. Es war klar, dass ich ihr im Weg stand, weshalb ich schnell reagierte und ihr genug Platz zum Durchgehen liess. Wir verstanden uns, sie ging ihren Weg und ich den meinen. Leo und Juan erzählten mir später, dass sie die Szene aus der Distanz beobachtet und sich kräftig darüber amüsiert hatten.

Wir mussten weiter, mussten Kilometer für Kilometer hinter uns lassen und die Landschaften in unserer Erinnerung speichern.

So erreichten wir die Bucht Centenario. Wir verliessen die hügelige Gegend und stiegen bis zu ihrer Mündung hinunter. Die Strömung des Wassers war nicht zu unterschätzen, und beim Eintauchen ins Meer glichen die Wassermassen einer Schlacht zwischen zwei Heeren um die Herrschaft über ein Gebiet. Die Bucht erstreckte sich Richtung Süden über mehrere Kilometer, trotzdem zweifelte ich nicht daran, dass wir den ganzen Weg um sie herum gehen mussten, um ans andere Ufer zu gelangen. Es war das Vernünftigste. Kaum hatten wir uns in Bewegung gesetzt, meinten Leo und Juan, dass es sich vielleicht lohnen würde, die Bucht in der Nähe der Mündung überqueren zu versuchen. Mit Sicherheit war dieser Vorschlag völlig verrückt, doch ich gab nach und wir kehrten zum Ausgangspunkt zurück. Dort angekommen, sagte ich zu ihnen: „Gut, da habt ihr die Mündung, überquert sie, ich warte hier auf euch…“. Und ich setzte mich hin und beobachtete die Strömung des Wassers, während ich darauf wartete, dass die anderen beiden ihren Mut zusammennahmen. Ich fragte mich, ob sie wirklich ihr Leben riskieren würden, um einen Fluss zu überqueren, der sie mit Sicherheit mitreissen und in den sicheren Tod führen würde. Und all dies nur, um ein paar Kilometer einzusparen. Zum Glück kamen sie zur Vernunft, sahen ein, dass sie die falsche Entscheidung getroffen hatten und stimmten mir zu, dass die Umrundung der Bucht der beste Weg ans andere Ufer war.

Wichtig ist, dass man erkennt, dass es immer einen Weg zurück gibt und man seine Fehler verbessern kann, unabhängig der Entscheidungen, die man einmal getroffen hat. Und hier waren wir nun, gingen unseren Weg zurück, folgten dem Verlauf der Bucht, wanderten um ihre Küsten herum. Nach einer halben Stunde fanden wir eine Stelle, die uns für eine Überquerung geeignet schien. Und so war es auch; das Wasser reichte uns nur knapp bis zu den Knien. Auf der anderen Seite angekommen stiessen wir auf einen Silberfuchs, der erschrocken flüchtete, als er uns sah. Vielleicht war es das erste Mal, dass er einen Menschen gesehen hatte.

Es war schon fünf Uhr abends, die Sonne ging langsam unter und der Himmel begann, sich grau und dann schwarz zu färben. Wir wollten noch nicht anhalten, alle drei hofften wir innerlich, noch bis zur Estancia Policarpo zu kommen. Es war aber noch weit bis dahin, es war verrückt, aber irgendetwas jenseits des menschlichen Verstands liess uns weiter gehen, in diese dunkle Nacht hinein. Wir widersetzten uns der Zeit, wanderten durch unbekannte Gegenden und orientierten uns nur mit Hilfe unserer Sinne. Wir liessen uns von unserem Instinkt, unseren Wahrnehmungen, den Geräuschen der Natur und der Struktur des Bodens führen. Mit der Zeit hatten wir gelernt, mit der Landschaft zu verschmelzen und uns an die Formen des Geländes anzupassen und waren zu einem aktiven Teil der Halbinsel Mitre geworden.

Wir marschierten eine ganze Weile über einen weiten Strand umgeben von steilen Klippen; wir konnten sie kaum sehen, aber sie waren da, gleich neben uns. Allein inmitten solcher Landschaften, in dieser Wüste voller Gespenster, drei Wanderer, erhellt vom Licht ihrer Seele. Und nachdem wir unendliche Kilometer zurückgelegt und Gegenden vergessener Geschichten durchquert hatten, kamen wir endlich an den ersehnten Ort. Juan bestätigte es, indem er mit aller Kraft „Bucht!" schrie. Leo und ich stimmten in diesen Siegesschrei ein, der an uns selbst gerichtet war und der in gewisser Weise den Abgrund zu schliessen versuchte, der uns von der Zivilisation trennte. Wir waren sicher, dass wir uns an der Küste der Bucht Falsa befanden, wo 1767 das Schiff *Purísima Concepción* gestrandet war. Die gleiche Bucht, die damals die Schiffbrüchigen aufgenommen hatte, jene Männer, welche den ersten Gottesdienst auf Feuerland abgehalten hatten, die nach drei Monaten harter Arbeit ein Boot bauen konnten, das sie gesund und heil in die Stadt Buenos Aires zurück brachte. Zweihundertachtunddreissig Jahre waren seit dieser Episode vergangen, diesem derart wichtigen Ereignis für Feuerland. Zwei Jahrhunderte später waren wir an diesem Ort, in einer Nacht auf Sonntag, im Herbst des Jahres 2005. Und auch nach so langer Zeit schwebten die Geister jener Männer und die Legenden dieser Epochen noch immer frei umher.

Das Meer war nah; wir mussten über grosse Felsen mit einer glatten und rutschigen Oberfläche gehen, nass von der unendlichen Brandung des Ozeans. Wir stolperten, fielen hin, standen aber immer wieder auf. Wir verletzten uns an Händen, Füssen und Knien, aber trotz allem schlugen unsere Herzen weiter und feuerten den Rest des Körpers an. Wir kämpften uns ununterbrochen vorwärts, und an einem bestimmten Punkt beschlossen wir, von meiner Taschenlampe Gebrauch zu machen, der einzigen, die uns noch geblieben war: Wir nannten sie unser „Glühwürmchen". Während wir wanderten, warf es kleine blinkende Lichtstrahlen auf den Weg, kleine Schimmer, die jedoch nicht ausreichend waren, um die schwarze Nacht zu erhellen.

Wir konnten die Estancia nicht finden, es war schon spät und wir wussten nicht genau, wo wir uns befanden. Leo und Juan meinten, etwas zu sehen, eine vage, undefinierbare Gestalt, irgendwo in der Ferne. Das Wunder geschah kurz nachdem wir einen kleinen Bach überquert hatten. In unmittelbarer Nähe von uns beleuchtete meine Lampe in kurzen Abständen Teile einer Hütte: Ja, wir hatten einen *rancho* gefunden. Die traditionellen Feierlichkeiten der *Nomaden von Mitre* waren lauter denn je. Und vielleicht, wenn wir etwas Anderes zu trinken gehabt hätten als das schwarze Moorwasser, einen Wein oder Schnaps vielleicht, hätten wir auf den Moment angestossen. Trotz der Freude war ich ein bisschen enttäuscht über den jämmerlichen Zustand dessen, was uns als Nachtlager dienen sollte. Fenster gab es keine, nur ein paar Löcher in den Wänden; der *rancho* hatte unter den Zeichen der Zeit und einigen rücksichtslosen Besuchern gelitten. Juan und ich setzten uns für einen letzten Versuch ein: Wir wollten einen andern *rancho* suchen. Es konnte nicht sein, es musste in der Gegend noch etwas Ordentliches geben; die Estancia Policarpo war zu ihrer Zeit ziemlich bedeutend gewesen. Wir liefen eine Weile über sumpfigen Boden und fanden schliesslich einen Unterstand, der für uns viel mehr war als das; es hätte die erste Residenz eines der grossen Wollbarone sein können, eines mächtigen Herrschers, der seine Spuren in jenem entfernten Winkel Feuerlands hinterlassen hatte. Das verdiente einen zweiten Festakt; die „Einrichtungen", wie wir die gesamte Verfassung der Dinge zu nennen pflegten (allgemeiner Zustand, Sauberkeit, Feuerstelle, etc.) waren wirklich sehr gut. Es hatte einige Betten mit Matratzen; die Feuerstelle war perfekt erhalten; und wir fanden sogar einen Schrank mit einigen Lebensmitteln. Die Perle dieser kleinen Schatzkiste war zweifellos eine Büchse Tomatensauce. Ihr folgten ein paar Tüten Kaffee, Zucker und ein Paket *yerba* für den *mate*, deren Marke wir noch nie gesehen hatten. Vielleicht war sie exklusiv hier auf Mitre vertrieben worden. Wir kehrten zurück, um Leo von unserem Fund zu berichten und sammelten dabei gleich Holz, um unser Schloss zu erwärmen. Die

Atmosphäre wurde schnell angenehm warm und wir konnten unsere Jacken ausziehen. Wir feierten den Erfolg des Tages mit ein paar Nudeln mit Tomatensauce. Das war nun wirklich Gourmet-Küche. Und nicht zu sprechen vom Kaffee mit Zucker (echtem Zucker, kein Süssstoff oder dergleichen), den wir nach dem Essen genossen haben. Es war neun Uhr nachts, alle drei waren wir entspannt und zufrieden. Es war ein harter Tag gewesen, wir waren über zehn Stunden in einem guten Tempo gewandert, aber zum Glück waren wir nun hier, in der Wärme des Feuers, tranken Kaffee und unterhielten uns über das Leben. Über die Geschehnisse des Tages schrieb ich Folgendes in mein Tagebuch:

„Die Dinge hätten nicht besser laufen können. Ich hatte viel zu Gott gebetet, er möge uns durch die Dunkelheit der Nacht führen. Ab und zu verspürte ich Angst, aber zum Glück hatten wir den Mut, die Kraft und die Hoffnung, um weiterzugehen. Einmal mehr fühle ich (und ich bin fast sicher dass dies so ist), dass es ein höheres Wesen gibt, das für unseren Erfolg einsteht. Ich bin sehr dankbar dafür, und ich bin mehr als zufrieden mit meinen zwei Expeditionsbegleitern und Freunden. Ich glaube, dass wir ein gutes Team abgeben. Und wir kommen unserem Ziel immer näher. Ich ahne schon, das ich dieses Leben als Nomade vermissen werde.“

TAG 30 Es war ein wunderschöner Morgen, als wir um zehn Uhr aufgestanden sind. Der Unterstand wurde vom kräftigen Sonnenlicht durchflutet, das uns aus unseren Träumen riss und ankündigte, dass uns ein neuer Tag erwartete.

Nachdem wir einen guten Kaffee getrunken hatten, war ich der Meinung, dass ich noch einen letzten Versuch im Fischen unternehmen musste. Ich nahm eine alte Büchse mit einer Schnur, die ich in einer Holztruhe ausserhalb der Hütte gefunden hatte und machte mich auf zur Küste. Auf dem Weg sah ich viele verlassene Bauten, gebeugt von den unsichtbaren Kräften der Zeit. Es lohnt sich, die Erzählung kurz zu unterbrechen und zu erwähnen, dass die Estancia Policarpo während mehr als einem halben Jahrhundert einen grossen Glanz genoss. Die Hauptaktivität auf dem Gut bestand in der Schafsschur. Zwischen 1965 und 1966 wurde hier ein Produktionsniveau von hundertsechzig Ballen erreicht, was ein Total von 35227 Kilogramm Wolle bedeutete[3]. Die Schiffe, die in die Bucht Falsa kamen, hatten zwei Ziele: Einerseits die Versorgung mit Nahrungsmitteln, andererseits das Einholen der Wolle für den Weiterverkauf. Aufgrund eines beträchtlichen Räude-Ausbruchs mussten die Besitzer der Estancia Policarpo einige Jahre später aber auf Rinderzucht umstellen.

Zurück zu unserer Geschichte. Das Haus, welches von all diesen alten Bauten am wichtigsten gewesen zu sein schien, war komplett heruntergekommen und zerstört. Das Einzige, was davon noch einigermassen intakt war, war eine Presse, die einst dazu verwendet wurde, die Wolle zu komprimieren.

Wegen der erwähnten Estancia, dem Schiffbruch der *Purísima Concepción* und der Tatsache, dass hier wie schon erwähnt der erste Gottesdienst auf Feuerland abgehalten wurde, stellt die Bucht Falsa heute einen Nationalhistorischen Ort dar[4].

Als ich die Küste erreichte, dachte ich nicht mehr an die Geschichte und die Personen vergangener Zeiten. Ich beschloss,

---

3. Angaben aus persönlichen Briefen von Francisco Bilbao, die sich heute im Archiv des Museo del Fin del Mundo befinden.

4. Per Dekret Nummer 64 des Jahres 1999.

meine Gedanken abzuschalten und mich ganz auf die Kunst des Fischens einzustellen. Mein einziger Wunsch war, dass ein Fisch an dem Haken anbiss, den ich immer und immer wieder ins Wasser warf. Nachdem ich es an verschiedenen Stellen versucht hatte, mal kräftiger, mal langsamer ausgeworfen und alle möglichen Tricks angewandt hatte, um frische Nahrung zu fangen, war meine Geduld schliesslich am Ende und ich musste einsehen, dass ich erneut mit leeren Händen zurückkehren würde. Es war klar, das Fischen war nicht mein Ding. Manche Leute sprechen von Glück, ich bin aber überzeugt, wenn man diese Kunst nur dem Glück zuschreibt, tut man der Geschicklichkeit und dem Können jener, die sich in diesem Thema auskennen, Unrecht. Ich kehrte zurück und dachte, dass man die Hoffnung nie verlieren sollte. Es war jedoch schon Mittag und ich hatte Hunger.

Als ich ankam, überraschte ich Leo und Juan, die gerade Nudeln mit Basilikum assen. Ich konnte nur noch ein paar wenige Reste davon kosten. Einmal mehr musste ich mir ihre Witze über meinen tristen Versuch als Fischer anhören. Sie meinten, wenn ich für die Nahrungsbesorgung der Expedition verantwortlich gewesen wäre, wären wir alle drei verhungert. Als zweiten Gang gab es Reis, der sehr gut schmeckte.

Nach dem Essen las uns Leo ein paar Worte vor, die er geschrieben hatte. Er sprach von seiner Frau, seinen Kindern und wie sehr er sie liebte und vermisste. Er konnte seine Gefühle nicht zurückhalten und brach in Tränen aus. Zu diesem Zeitpunkt waren unsere Seelen sensibler und unsere Herzen verwundbarer. Es war schon viel Wasser den Bach hinunter geflossen, wir hatten lange Tage zusammen verbracht und viele Dinge geteilt, es lag schon ein ganzer Monat zurück, seit wir Ushuaia hinter uns gelassen hatten. Dreissig Tage ohne seine Liebsten waren Erklärung genug für die Tränen, die über Leos Wangen flossen.

Auch Juan teilte ein paar Worte mit uns, die er ins Gästebuch des Unterstands geschrieben hatte. Mit einem tiefen Gefühl von Kummer erzählte er, wie sehr er seine Brüder, seine Eltern und seine Freundin liebte. Auch er liess den Tränen, die mit der Bedeutung seiner Worte hochkamen, freien Lauf. Ich wollte mich nicht anstecken lassen. Ich hatte die dumme Vorstellung, dass es schlecht für mich wäre, wenn ich weinen müsste. Vielleicht versuchte ich deshalb, nicht daran zu denken, wie sehr ich meine Leute vermisste, wie unendlich die Liebe war, die ich für sie empfand. Jedenfalls wollte ich es scheinbar nicht in meinem Tagebuch wiedergeben, dessen Zeilen mir heute helfen, dieses Buch zu schreiben. Wir umarmten uns alle kräftig; manchmal hatten wir es einfach nötig, uns geliebt zu fühlen, gegenseitig unterstützt zu werden. Wir waren ein Team, und deshalb waren die Einheit und das Verständnis zwischen uns drei unerlässlich. Und in diesem Sinn kann ich mich wirklich nicht beklagen; im Gegenteil, ich glaube, dass wir uns mehr als gut verstanden haben. Wir waren immer füreinander da, was grundlegend war, um während sechsunddreissig Tagen unter den Bedingungen einer solchen Expedition zusammenleben zu können.

Um vier Uhr nachmittags brachen wir auf und setzten unser Leben als Nomaden fort. Einmal mehr waren wir auf dem Weg, liessen alles hinter uns und brachten einen Abstand zwischen die Gegenwart und die Vergangenheit. So war unsere Reise; wir konnten an einem Ort nicht länger als nötig verweilen. Nur gerade so lange, um alles aufzunehmen und in unserer Erinnerung abzuspeichern. Die Gestalt des Berges Bilbao verschwand langsam am Horizont, je weiter wir der atlantischen Küste entlang gingen. Wir sahen hunderte von Kühen, die frei durch diese trostlosen Gegenden streiften und sich in den Wäldern und den Wellen des Geländes verloren. Beim Haupthaus der Estancia konnten wir Fahrzeugspuren erkennen. Und mit ihnen Abfallreste, Zeichen von Rücksichtslosigkeit, Merkmale der Zivilisation. Die atlantische Küste der Halbinsel ist einfacher zugänglich für Motorradfahrer. Viele von ihnen wagen sich deshalb in den Sommermonaten in diese Gegenden.

Gegen sechs Uhr konnten wir den Fluss Policarpo ausmachen. Die Sonne ging schon langsam unter und der Himmel war in rötlichen, orangenfarbenen und gelben Tönen gefärbt. Jetzt, wo ich es erwähne, denke ich, dass die Geschichte vielleicht etwas falsch verstanden hatte; vielleicht haben Magellan und seine Besatzung diese Region nicht wegen der Feuer der Ureinwohner „Feuerland“ genannt, sondern vielmehr wegen

Sonnenuntergängen wie diesem, während derer sich der ganze Himmel zu entzünden scheint.

Ich versuchte, den Fluss in der Nähe seiner Mündung zu überqueren. Es war sinnlos; wie am Tag zuvor war die Strömung zu stark. Als ich das Wasser an meiner Brust fühlte, kam ich von der Idee ab und kehrte zurück, kurz bevor mich der Fluss in den sicheren Tod gerissen hätte. Also griffen wir auf die gleiche Strategie zurück, die wir schon bei der Bucht Centenario angewandt hatten: Wir mussten um sie herum gehen. Wir marschierten mehr als eine Stunde über nassen Untergrund, sanken immer wieder im Schlamm und im Sand ein, was unseren Schritt erheblich verlangsamte. Während der Flut wurde die Stelle, wo wir uns befanden, jeweils vom Wasser überschwemmt. In diesem Moment befand sich die Bucht aber im Rückgang, sodass der Fluss fast seinen niedrigsten Pegel erreichte.

Es war nun schon fast dunkel, und immer noch suchten wir verzweifelt nach einer Stelle, wo wir den Fluss Policarpo überqueren konnten. Ohne gross zu überlegen, begannen wir, durch das Wasser zu waten und versuchten, zum gegenüberliegenden Ufer zu kommen. Ich hatte grosse Angst, wir konnten fast nichts sehen. Ich erinnere mich gut an diesen Moment: Wir gingen in einer Linie. Es war schrecklich, nicht zu wissen, wie viel noch fehlte, um festen Boden unter den Füssen zu spüren, und nur das von der Nacht dunkel gefärbte Wasser vor unseren Augen zu haben. Glücklicherweise reichte uns das Wasser aber nicht über die Knie. Am anderen Ufer anzukommen, war eine grosse Erleichterung. Und obwohl unser Unterfangen erfolgreich verlaufen war, waren wir leichtsinnig ein grosses Risiko eingegangen, und die dadurch verursachte Beklemmung und Angst sass uns immer noch tief in den Knochen. Wir umarmten uns, und unter Tränen bat uns Leo, nie mehr derart fahrlässig zu handeln.

Die Stelle, wo wir uns befanden, war ein offenes Feld, es gab nur ein paar wenige Büsche. Einstimmig waren wir dafür, kein Feuer zu machen und unsere Kräfte für den nächsten Tag zu sparen. Unter der Apsis kochten wir Nudeln mit Thon. Einige Tassen Tee und Kaffee begleiteten das Essen. Wir waren uns einig, dass es eine Dummheit gewesen war, den Fluss Policarpo in absoluter

Dunkelheit zu überqueren. Ich glaube, wir fühlten unbewusst, dass die Zeit uns langsam davonrannte, dass sie uns drängte und uns dazu verleitete, übereilt Dinge zu tun, die wir in Wirklichkeit mit Ruhe angehen mussten. Weil wir schneller ans Ziel kommen wollten, gingen wir das Risiko ein, auf der Strecke zu bleiben...

Wie in jeder Nacht schrieb ich noch ein paar Zeilen, bevor ich einschlief.

TAG 31 Es war ein sehr kalter Morgen. Sich die nassen Socken, die Unterwäsche, die Hosen und die völlig durchnässten Schuhe anzuziehen, war die reinste Qual. Einmal angezogen, brachen wir das Zelt ab und packten die Rucksäcke. Nur langsam schafften wir es, uns aufzuwärmen. Das Gelände war sehr feucht. Wir mussten lachen, als Juan versuchte, ein auf den ersten Blick kleines Bächlein zu überqueren. Er stapfte hindurch, wie wenn das Wasser ihm nur gerade bis zu den Knöcheln reichen würde. Zu seiner Überraschung sank er aber plötzlich bis zur Brust ein. Der arme Juan, es war noch früh und sehr kalt. Wenigsten schien die Sonne. Obwohl er es nicht sehr lustig fand, machten Leo und ich noch lange Witze über die Situation.

Die Küste war viel weiter entfernt, als ich gedacht hatte. Kurz bevor wir sie erreichten, trafen wir auf eine Herde wilder Pferde. Sie galoppierten frei, Seite an Seite; es waren mehr als zehn, mit ihren langen, wehenden Mähnen und diesem Gefühl von Freiheit, das sie bei den Menschen oft auslösen. Sie waren wunderschön, als ob sie von den besten Züchtern ausgewählt worden wären, um in diese faszinierende Landschaft zu passen.

In der Ferne konnten wir etwas erkennen, was der alte *rancho* Donata sein musste. Es lohnte sich nicht, näher hin zu gehen; er war weit entfernt und man hatte uns gesagt, dass er sich in einem sehr schlechten Zustand befände. Als wir an die Küste kamen, fanden wir Teile des Wracks der *Duchess of Albany*[5]. Wenn es je ein Symbol gab, womit ich die Halbinsel Mitre identifizierte, war es zweifellos das Bild dieses Schiffes. Ich hatte Fotos davon gesehen, wie es gestrandet an der Küste lag, von seinem gekrängten Rumpf

---

5. Die Galionsfigur dieses Schiffes ist heute im Hauptraum des Museo del Fin del Mundo ausgestellt. *„Der Ursprung der Galionsfiguren geht weit zurück, vielleicht so weit wie das erste Schiff, das in See stach. Schon bei den ägyptischen Galeeren und den phönizischen Schiffen hatte diese Kunst den Bug gekleidet. Es waren Symbole von Göttern, Tierfiguren und oftmals auch Abbildungen von Frauen oder Männern, die die Schiffe gegen die bösen Mächte des Meeres, seine Tiefen und Legenden beschützten. Bis ins 17. Jahrhundert hatten die Galionsfiguren eine totemistische oder religiöse Bedeutung. Im frühen 18. Jahrhundert entwikkelten sie sich zu Gaben oder Ehrungen für erhabene Damen der Gesellschaft oder des Adels. Mehrheitlich in Holz geschnitzt, stellen sie Posen der jeweiligen Epoche dar, mytho-logische Symbole oder Abbildungen von menschlichen Figuren, die aus dem Meer entsprangen, und vertraten das Schiff, nach dem sie benannt worden waren oder das ihnen Leben gegeben hatte."* Zanola, Oscar, „PEOAF 83", Museo del Fin del Mundo 1986.

in der Einsamkeit dieser Strände. Obwohl es zerstört war, waren auf jenen Bildern immer noch das Deck, der Mast und viele Teile zu sehen, die es eindeutig als Schiff definierten. Es war nicht mehr das Gleiche; vor uns lagen nur noch die Trümmer von etwas, das mit der Zeit verwischt werden würde, gleich wie jene Schwarzweiss-Bilder, die mich einst beeindruckt und mich dazu motiviert hatten, diese abenteuerliche Reise durchzuführen, auf der wir uns nun befanden. Deshalb glaube ich, dass ich die Geschichte für einen Moment anhalten und ein Licht auf das Geheimnis dieses Schiffes werfen sollte, denn wenn die Trümmer des Wracks einmal ganz verschwunden sind, wird nur noch ihre Geschichte und die Erinnerung daran übrig bleiben.

Es geschah am 13. Juli 1893. Die *Duchess of Albany*, ein dreimastiges englisches Segelschiff, fuhr durch einen kalten Morgen mitten im feuerländischen Winter. Nebel kam auf und erschwerte die Sicht. Nach monatelangem Segeln, von England über den Atlantischen Ozean und entlang der Küste Brasiliens, gelangte das Schiff in die südlichen Meere – Meere, die mit ihren riesigen dunkelblauen und schäumenden Wellen über Jahrhunderte jegliche menschliche Spur auszulöschen versucht hatten. Mit eisernem Willen hatten die harten Männer des Schiffes der Unwirtlichkeit und Feindseligkeit des rauen Klimas getrotzt. Aber sie wussten, dass sie noch eine lange Reise vor sich hatten: Es lagen noch tausende von Meilen vor ihnen, um den Hafen von Valparaíso in Chile zu erreichen. An den Küsten Feuerlands waren sie ihrem Ziel wenigstens schon ein Stück näher. Was sie nicht ahnten, dieses Land der Legenden, diese Gegend, wo die Feuer der Ureinwohner die Nacht am Ende der Welt erleuchteten, würde an jenem Morgen eine Art Anziehung auf das Schiff ausüben, eine Art mysteriösen Bann, durch welchen sich die Küste für immer der *Duchess of Albany* bemächtigen würde. Das englische Schiff befand sich plötzlich in Seenot. Ich stellte mir vor, wie der Kapitän und seine Männer verzweifelt gegen ihr Schicksal kämpften und all ihren Willen und ihre Kräfte freisetzten, um zu verhindern, dass das Schiff auf die Klippen aufschlug. Trotz aller Anstrengungen, trotz dieses mutigen Versuchs, dem zu entkommen, was das Ende ihres Kurses bedeuten würde, steuerte das Schiff immer mehr auf die

Küste zu und strandete schliesslich in der Nähe der Bucht Policarpo. Der Schiffbruch forderte keine Opfer, alle Besatzungsmitglieder konnten sich an Land retten. Sie mussten in der Umgebung dieser trügerischen Küste campieren, denn es war schon gegen vier Uhr morgens. Am nächsten Tag segelten zwölf der achtundzwanzig Schiffbrüchigen unter dem Kommando des Kapitäns in einem Boot in Richtung der Bucht Thetis, wo sie drei Tage später ankamen. Von dort aus wurden sie von der Küstenwache in einem argentinischen Schiff namens *Golondrina* nach Ushuaia gebracht. Nach den Ereignissen des vorherigen Tages entschied sich der Rest der Gruppe, zu Fuss zu gehen. Einer der sechzehn Seemänner schloss sich freiwillig den Ureinwohnern an und lebte mit ihnen bis zu seinem Tod. Die übrigen, mit Ausnahme von einem, dessen Ende unbekannt ist, wurden von den Ureinwohnern bis nach Thetis geführt, wo sie vom Schiff *Amadeo*, das aus der chilenischen Stadt Punta Arenas kam, gerettet wurden. Man stelle sich diese Männer vor, wie sie durch die eisigen Wintertage wanderten, zugefrorene Flüsse und Bäche überquerten und unter Kälte, Hunger und Einsamkeit litten.

Einige Forscher haben von diesem Schiff gesprochen, als ob es bloss ein weiteres Gespenst wäre, das in den südlichen Meeren herumirrt. Andere hingegen, wie Oscar Zanola[6] beispielsweise, liessen sich von seinem Zauber verführen und studierten seine Geschichte eingehend, um der Wahrheit der Tatsachen auf den Grund zu kommen.

Zurück zu uns. Wir verblieben eine Weile am Strand vor dem alten Schiff, ruhten uns aus und assen ein paar Schokoriegel mit ein bisschen Kaffee und *mate cocido*.

Später mussten wir einen weiteren Fluss überqueren, den Luz. Wir trafen erneut auf die Pferde, die wir ein paar Stunden zuvor gesehen hatten. Wir beobachteten, an welcher Stelle die Tiere den Fluss überquerten und taten es ihnen ganz in der Nähe

---

6. Oscar Zanola war während vieler Jahre Direktor des Museo del Fin del Mundo. Er besuchte die Halbinsel Mitre oft, sei es über den Luftweg oder über Meer. Sein Eifer als Forscher liess ihn das Rätsel um die *Duchess of Albany* ergründen, ein Schiff, das ihn ganz besonders in seinen Bann zog. Dank seiner Suche können wir heute auf die wertvollen Informationen rund um diesen Schiffbruch zählen.

gleich. Das Wasser reichte uns kaum über die Hüfte. Ununterbrochen marschierten wir weiter, ohne Halt und in einem beachtlichen Tempo. Wir hatten keine grossen Schwierigkeiten zu bewältigen; es war einfach, der Küstenlinie zu folgen. Ausserdem konnten wir auf die bedingungslose Hilfe der ortskundigen Führer zählen: Kühe und Pferde, die weiterzogen, sobald wir uns ihnen näherten. Sie flüchteten vor uns und zeigten uns so, ohne es zu wollen, den Weg.

Wir kamen an der Bucht Policarpo vorbei, die in Wirklichkeit eine grosse Lagune ist, die sich nur bei sehr hoher See Anschluss ans Meer hat. Wir gingen weiter entlang der Küstenebene, bis wir gezwungen waren, einen Hügel hochzusteigen. Von seinem höchsten Punkt aus konnten wir den Fluss Bueno und seinen entsprechenden Posten auf der gegenüberliegenden Seite erkennen. Es war etwas nach fünf Uhr nachmittags und ein wunderschöner Tag. Wir sahen eine Brücke, die einst die zwei Ufer verbunden hatte. Warum sie heute zur Hälfte zerstört ist, wussten wir nicht.

Als wir an den Fluss kamen, hielten wir es für das Beste, seine Tiefe zuerst zu testen, bevor wir uns hineinwagen würden. Ich stellte mich für diese Aufgabe zur Verfügung. Zuerst versuchte ich, ihn in der Nähe der Brücke zu überqueren. Als das Wasser mir bis zur Brust reichte, gab ich auf. Wir suchten eine andere Stelle, näher bei der Mündung, genau gegenüber des Unterstands. Doch wieder musste ich stoppen, als ich fühlte, dass ich immer tiefer im Wasser einsank. Ein paar hundert Meter flussabwärts machte ich einen letzten Versuch. Wieder erfolglos. Mir war schon sehr kalt. Um meinen Körper etwas aufzuwärmen begann ich, verzweifelt hin und her zu laufen. Währenddessen kochten mir Leo und Juan heissen Tee und Kaffee. Zur Kälte kam die Angst hinzu; es fiel mir schwer, meine Gefühle zu kontrollieren, meine Gedanken zu sammeln und mir nicht schon die schlimmsten Dinge vorzustellen. Es war schon über eine Stunde vergangen. Am anderen Ufer sahen wir ein kleines Boot, das sich über unsere vergeblichen Versuche, auf die andere Seite zu kommen, lustig zu machen schien. Wir dachten, dass wir vielleicht hinüberzuschwimmen und es holen könnten, um damit den Fluss zu überqueren, gaben aber diesen Plan schnell wieder auf, da wir nicht wussten, in welchem Zustand es sich befand, ob es überhaupt Ruder hatte oder gar völlig zerstört war. Wir zogen es vor, das Risiko nicht einzugehen. Ohne grosses Hin und Her legten wir eine Zeit für die Überquerung fest: sieben Uhr abends. Gemäss unserer Tabelle der Meeresströmungen musste der Fluss um diese Zeit seinen Tiefstand erreichen. Leider war dies nicht so; alles war noch genau wie Stunden zuvor, nur war nun auch noch die Dunkelheit dazugekommen; ein perfekter Rahmen für ein Theaterstück, in dem wir, die Einsamkeit und die Landschaft die einzigen Darsteller waren. Bevor wir uns in den Fluss wagten, fragte ich Leo und Juan, was wir tun würden, wenn das Wasser zu tief wäre. Ich bekam keine Antwort. Entschlossen gingen wir Meter um Meter durch das eisige Wasser, das immer tiefer wurde. Wir hatten das Gefühl, keinen Boden unter den Füssen mehr zu haben und abzudriften, konnten aber durch das Gewicht unserer Rucksäcke nicht schwimmen. Ich geriet in Panik; ich konnte nichts mehr sehen, wusste nicht, wo das andere Ufer war. Ich erinnere mich, dass ich dachte, ich müsste sterben, dass ich den Ausgang aus diesem Labyrinth, das wir uns selbst geschaffen hatten, niemals finden würde. Bevor ich mein Leben aufgab, dachte ich einen Moment lang an meine Eltern, meine Geschwister und meine Freunde; ich brauchte ihre Nähe, brauchte in meinen Gedanken das Bild von jedem meiner Liebsten. Wenn ich sie jemals wiedersehen wollte, musste ich nun kämpfen. Ich beschloss, mir den Rucksack auszuziehen und ihn der Strömung zu überlassen. In diesem Moment dachte ich nur noch ans Überleben. Zuerst öffnete ich den Riemen über meiner Brust, und gerade als ich den Hüftgurt lösen wollte, traf mich ein Funken Hoffnung aus dem tiefsten Innern meiner Seele: Ich hatte gerade mit der Zehenspitze den Boden berührt.

Leo schaffte es einen Moment vor mir aus dem Fluss. Wir riefen nach Juan, bekamen aber keine Antwort. Es war schon dunkle Nacht. Plötzlich sahen wir, wie das Mondlicht sich an der Oberseite von Juans Rucksack spiegelte, der im Fluss trieb. Darunter konnten wir unseren dritten Musketier erkennen. Wir reagierten sofort und zogen ihn heraus. Er war in Ordnung, aber ich hatte schon das Schlimmste befürchtet. Er schien etwas verwirrt, er wollte zurückgehen, um einen Stock und einen Handschuh zu suchen, die ihm beim Überqueren verloren gegangen waren.

Danach untersuchten wir den Unterstand. Wir richteten uns in einem Schuppen ein, wo es zwei Betten gab, obwohl wir keine Lebensmittel fanden und die Feuerstelle keinen Abzug hatte. Leo brach in Tränen aus und wir umarmten uns alle drei. Wir hatten einen schlimmen Moment erlebt und ich kann versichern, dass ich noch nie in meinem Leben so nahe am Tod gewesen war. Juan schlotterte vor Kälte, was mich etwas beunruhigte. Ich gab ihm Tee zu trinken, den wir noch im Thermoskrug hatten. Ausserdem wechselten wir die Kleider und zogen uns trockene Sachen an, die wir in wasserdichten Beuteln aufbewahrt hatten und die deshalb während der Überquerung nicht nass geworden waren. Leider war jedoch Leos Schlafsack völlig durchnässt, sodass wir uns in dieser Nacht die beiden teilen mussten, die trocken geblieben waren.

In meiner Jackentasche fand ich die einzige Uhr, die wir dabeihatten. Sie war während der Überquerung ebenfalls nass geworden und für immer stehen geblieben. Die Zeiger zeigten sieben Uhr sieben an, eine Zeit, die wir von nun an als den Moment unserer Wiedergeburt ansehen würden. Und da es ein gemeinsamer neuer Lebensanfang war, konnten wir behaupten, dass wir nun in gewisser Weise Drillinge geworden waren.

Um meine Gefühle in dieser Nacht zu verarbeiten und festzuhalten, schrieb ich folgende Zeilen in mein Tagebuch:

„Es war eine harte Erfahrung, eine Erfahrung, die ich nie mehr machen möchte. Gott hat uns dieses Mal gerettet und wir fühlen uns, als ob wir wiedergeboren worden wären. Aber ich glaube nicht, dass wir noch einmal so viel Glück haben werden, noch viel weniger, wenn wir weiterhin so verantwortungslos handeln. Es soll uns eine Lektion sein, von der wir lernen müssen, dass wir nie mehr, unter keinen Umständen, solche Fehler begehen dürfen. Wir machten einen schwierigen Moment durch, und es ging uns schlecht, sehr schlecht. Keiner verlor ein Wort darüber, aber ich glaube, diese Nacht verbrachten wir in einer Art Trauer.“

Wir zündeten ein paar Kerzen an, die wir auf einem Regal an einer Wand des *rancho* gefunden hatten. Dort sahen wir eine

Schachtel gefüllter Schokoladenkekse. Die Enttäuschung war gross, als wir bemerkten, dass sie leer war. Zum Trost assen wir ein paar feuchte Waffeln und ein uraltes Brot, Dinge, welche aber auf der Halbinsel Mitre trotzdem zu geschätzten Leckerbissen wurden. Ich beschloss, noch einmal die Umgebung des Unterstandes zu erkunden. So kam ich zu einer Hütte in der Nähe, die einst als Metzgerei gedient hatte. Ich trat ein und sah ein paar Stücke Fleisch, die von den Holzbalken herunterhingen. Schnell rief ich Juan, um ihm den Schatz zu zeigen, den ich entdeckt hatte. Er dachte, dass es sich um getrocknetes Fleisch handelte und biss ein Stück davon ab, fast wie ein hungriger Hund. Er merkte aber sogleich, dass es roh war und spuckte es wieder aus. Mit einer alten, rostigen Säge schnitt ich einen der Brocken in der Hälfte auseinander. Aussen war das Fleisch schwarz, innen gab es aber noch ein paar rote Stellen, die einen Kontrast bildeten zum blassen Grün der Würmer, die ihr eigenes Festmahl darin abhielten. Wir versuchten es an einem anderen Stück und es präsentierte sich das gleiche Bild: Dutzende von aufgeweichten Ungeziefer, die sich von dem Fleisch ernährten, das wir essen wollten. Wir konnten nur die richtig roten Teile nehmen und mussten die ekligen Wesen entfernen, von denen es nur so wimmelte. Der Rest war einfach; „die Hitze tötet alles ab", wiederholte ich Leo und Juan, während ich ein paar Stücke in reichlich Fett briet. Um den üblen Geruch des Fleisches noch etwas mehr abzuschwächen, gaben wir eine grosse Menge Gewürze hinzu. Trotz all dieser Versuche und auch in Anbetracht unseres Heisshungers war es etwas vom Ekligsten, was ich je in meinem Leben gegessen hatte. Aus diesem Grund beschlossen Leo und ich, von den lokalen Spezialitäten abzukommen und etwas aus unserer eigenen Speisekammer zuzubereiten, die wir nun schon seit mehr als dreissig Tagen auf unserem Rücken mitgetragen hatten. Juan hätte noch weiter von dem widerlich riechenden, zu stark gewürzten Fleisch gegessen, wenn wir ihn nicht davon abgehalten hätten. Mit unserem eigenen Essen gingen wir wenigstens nicht das Risiko ein, uns eine Lebensmittelvergiftung einzufangen.

Nach dem Essen tranken wir *mate*. Wir mussten versuchen, uns ein bisschen zu entspannen, den schlimmen Moment, den wir durchgemacht hatten, zu vergessen und die Tatsache zu feiern, dass wir noch am Leben waren. Aber ehrlich gesagt waren wir nicht in Festlaune; wir wollten nur noch schlafen und versuchen, etwas Schönes zu träumen, von Familien und Freunden, von Menschen, die am anderen Ende der Welt waren, uns vermissten und uns in Gedanken ihre Zuneigung und ihre Umarmung schickten. Wir beschlossen, den nächsten Tag im *rancho* des Flusses Bueno zu verbringen. Wir mussten noch unsere Kleider trocknen, unsere Dinge ordnen und uns für den letzten Abschnitt einer Reise vorbereiten, die immer mehr ihrem Ende zuging. Ausserdem würde uns ein freier Tag bestimmt gut tun.

TAG 32 Die Nacht war nicht wirklich bequem gewesen. Zu dritt hatten wir in einem Bett geschlafen, das gerade mal für eine Person gedacht war. Das Gute daran war, dass es uns überhaupt nicht kalt war.

Um zehn Uhr erwachten wir mit einem Licht, das mit einem so kräftigen und intensiven Gelb durch alle Fenster des Unterstandes drang, dass man hätte meinen können, die Sonne selbst hätte sich gleich hinter den Mauern versteckt.

Während Leo und Juan das Frühstück zubereiteten, erkundete ich ein bisschen die nähere Umgebung. Ich hielt es für unmöglich, dass der Raum, wo wir die Nacht verbracht hatten, der einzige verfügbare war; der ganze *rancho* schien viel grösser. Und ich hatte Recht; ich fand eine Tür, die zum eigentlichen Hauptraum des Postens führte. Darin herrschte perfekte Ordnung; neben einer Feuerstelle in bestem Zustand war reichlich Brennholz vorhanden, fein säuberlich aufgestapelt, bereit, angezündet zu werden. In der Mitte des Zimmers befand sich ein Tisch, auf dem ein mit Zucker gefüllter Krug stand. Das war das erste Wunder. Hinter mir, gleich neben dem Eingang, entdeckte ich einen Holzschrank mit vier Türchen. Sofort begann ich, darüber zu fantasieren, was diese Schubladen wohl für Schätze beinhalten würden. Voller Erwartung öffnete ich eine um die andere. In der ersten fand ich ein bisschen Milchpulver und ein Päckchen Reibkäse. Mein Herz begann schon schneller zu schlagen. Die zweite überraschte mich mit einer Büchse gesüsstem Milchkaffee, die noch zur Hälfte voll war. Ich wurde immer aufgeregter. Von der dritten Schublade war ich ein bisschen enttäuscht, da sie nur ein paar Gewürze enthielt. Als ich die vierte öffnete, glaubte ich, gleich einen Herzanfall zu kriegen. Es war, als ob eine Schar Engel mit dem ganzen Himmelsstaat mich mit offenen Armen empfangen hätte und zu mir sagte: „Ja, das ist dein Geschenk. Das ist es, wonach du gesucht hast.“ In der Schublade fand ich einen Sack mit mehr als zehn Kilogramm Mehl. Das war das zweite Wunder. Sofort rannte ich zu Leo und Juan. Die beiden machten traurige Gesichter; die Ereignisse der vergangen Nacht hatten in ihren Herzen Spuren hinterlassen. Sie waren daran, ein bisschen Tee zu kochen, als ich ihnen mit bewegter Stimme sagte: „Ich will ganz viel Kaffee mit viel Milch und Zucker trinken, und dazu eine grosse Menge *tortas fritas...*". Die beiden schauten mich verwirrt an, liessen dann aber alles stehen und liegen und folgten mir, um meinen Fund mit eigenen Augen zu sehen. Sie konnten es nicht glauben; die Bitterkeit der vergangen Nacht war in einem Mal verflogen. Mit gutem Grund: Wir würden einen ganzen Tag damit verbringen, Leckerbissen zu geniessen, Schätze, die das Schicksal selbst uns geschenkt hatte, um unsere Gemüter zu erheitern. Das Team machte sich wieder an die Arbeit. Nach einer halben Stunde flackerte schon ein Feuer, Leo knetete die erste Runde *tortas fritas* und ich hackte unterdessen Holz in der Nähe des Postens. Wir hängten unsere nassen Kleider zum Trocknen über das Feuer.

Die Küche hatte einen kleinen Vorraum. Dort fand ich mehrere Büchsen mit ausreichend Angelschnur, Haken und Bleien; ein klares Zeichen dafür, dass die Person, die hier wohnte, sich oft der Kunst des Fischens widmete. Ich sagte mir, wenn er dazu fähig war, musste ich es doch auch sein. Also stattete ich mich mit reichlich Köder aus (wofür ich Stücke des verdorbenen Fleisches benutzte) und warf vier Schnüre in den Fluss, jede in eine andere Richtung. Vielleicht war mir das Glück ja für einmal gut gesinnt und ich würde einen Flussbarsch oder eine Forelle fangen. Ich hatte es nicht eilig, ich hatte den ganzen Tag Zeit. Unterdessen hatte sich Juan die Kleider des Landarbeiters angezogen, die er im Unterstand gefunden hatte. Er dachte, dass er so vielleicht eher eines der Pferde erwischen konnte, die durch diese Gegend streiften. Aber so sehr er sich auch anstrengte, die Rösser galoppierten weiterhin so frei wie zuvor. Im Innern des *rancho* setzte unser Bäckermeister die Produktion von *tortas fritas* fort, die sich in immer grösseren Mengen auf einem Holztablett stapelten.

Zu dritt gönnten wir uns eine ausgedehnte Runde *mate,* während wir über den vergangenen Tag nachdachten. Leo vertraute sich mir an und sagte mir, dass er mich als Freund sehr schätzte und meinen starken Willen bewunderte. Auch ich sagte ihm, wie viel er mir als Freund bedeutete, und wies allgemein auf die gute Zusammenarbeit des Teams während der ganzen Expedition hin.

Zweifellos hatte die Episode des vorherigen Tages einen Eindruck in unseren Herzen hinterlassen und uns sensibler gemacht. Wir fühlten uns wie drei kleine Papierschiffchen, die völlig durchnässt, geschwächt und beinahe zum Scheitern verurteilt worden waren. Nur die Hoffnung hielt uns am Leben, liess uns die Leidenschaft wieder entzünden, mit der wir die Schwierigkeiten der Halbinsel überwinden konnten.

Später ging ich zum Flussufer, um die Angeln zu überprüfen, die ich Stunden zuvor ausgeworfen hatte. Ich hatte noch kein Glück gehabt, weshalb ich sie wieder zurück ins Wasser warf. Der Fluss war ruhig, so friedlich und harmlos, es war schwer zu glauben, dass er uns fast das Leben gekostet hatte.

Wir hackten weiter Brennholz, um das Feuer nicht ausgehen zu lassen und den Unterstand warm zu halten. Ausserdem wollten wir einen grösseren Vorrat zurücklassen, als wir angetroffen hatten. Man sollte das Gesetz des Wanderers nie vergessen, Dankbarkeit zu zeigen gegenüber den Personen, gegenüber dem Unterstand, der einem ein schützendes Dach über den Kopf gibt, gegenüber dieser Oase inmitten einer Wüste von unendlicher Einsamkeit.

Die Nacht brach herein, ehe wir es bemerkten. Leo nutzte das Satellitentelephon, um eine Nachricht an Hernán zu senden, der uns einen Lieferwagen schicken würde, um uns am Ziel unserer Reise abzuholen. Leo teilte ihm mit, dass wir in ungefähr vier Tagen auf der Estancia María Luisa sein würden.

Enttäuscht zog ich die leeren Angeln aus dem Wasser. Einmal mehr musste ich mir eingestehen, dass das Fischen nichts für mich war. Trotzdem sagte ich mir, dass ich es bei Gelegenheit wieder versuchen würde. Ich würde niemals aufgeben.

Zum Abendessen gab es Linsen mit Reis, diesmal mit Reibkäse, was ein grosser Luxus war. Wir unterhielten uns noch über dies und jenes bis etwa zwei Uhr morgens, den schwachen Glanz des wärmenden Feuers auf unseren Gesichtern.

Bevor ich mich schlafen legte, ging ich noch einen Moment hinaus. Wie jenes Mal in Puerto Español war der Himmel von Sternen übersät. Das tiefe Blau der Nacht war blauer als die Farbe des Meeres und die Sterne waren so weiss wie Schneeflocken, nur noch funkelnder, wie feuchte Augen, denen gleich eine Träne entrinnen würde. Ich kann nicht genug dankbar dafür sein, dass ich solche Momente erleben konnte. Immer, wenn ich etwas so Wunderschönes sah, vergass ich sofort alles Negative und begrub alle schlechten Erinnerungen. Denn die schönen und guten Momente waren viel wichtiger. Die Traurigkeit wurde verschwindend klein.

TAG 33 Zum zweiten Mal auf unserer Expedition hielten wir nachts Wache über das Feuer. Ich war zwischen vier und fünf Uhr morgens an der Reihe. Danach schlief ich nochmals eine Stunde, und um sieben weckte uns Leo mit einem fertig zubereiteten Frühstück. Wir tranken Milchkaffee und assen *tortas fritas.* Das war wunderbar. Nach dem reichhaltigen Essen machten wir uns zum Aufbruch bereit. Juan und ich hackten noch mehr Brennholz, sodass wir schliesslich eine grössere Menge zurückliessen, als wir bei unserer Ankunft angetroffen hatten. Wir putzten alles und verabschiedeten uns traurig vom Fluss Bueno, einem Ort, der uns letzten Endes sowohl bittere als auch freudige Momente beschert hatte. Sagen wir, wir haben während unseres Aufenthalts hier ein Gleichgewicht gefunden.

Es war halb elf, als wir den Unterstand verliessen und begannen, durch die Hochebene Mesa de Orozco zu wandern, die von Elizalde benannt worden war. Um zwölf Uhr kamen wir zum Fluss Noguera, auch Leticia genannt. Es war ein *déjà vu,* denn die Situation war identisch zu jener am Fluss Bueno. Wir befanden uns auf einem Hügel und beobachteten von dort aus den Wasserlauf, der mit seinen Kurven eine ähnliche Form hatte wie der Bueno. Ausserdem hatte es ebenfalls eine Brücke, und ironischerweise reichte sie genau wie jene am Fluss Bueno nur bis zur Mitte. Wir gingen zum Ufer hinab und diesmal suchte Leo nach einer Stelle, um den Fluss zu überqueren. Nach ein paar Versuchen fand er einen geeigneten Ort. Das Wasser war nicht sehr tief, die Strömung war jedoch so stark, dass ich wusste, wenn ich hinfiel, würde mich das Wasser bis ins Meer mitreissen. Wir überstanden die erste Hürde des Tages aber gut, was uns Mut machte für den weiteren Weg.

Wir marschierten ziemlich schnell; der prächtige Tag machte uns noch mehr Lust zu wandern. Wir hatten viel Glück mit dem Wetter; einmal mehr war der Himmel völlig wolkenlos und die Herbstsonne schien kräftig.

Im Kap Leticia fanden wir einen alten, heruntergekommenen Unterstand, der jeden Moment zusammenzufallen schien. Draussen hatte es Tische, Stühle und andere alte Möbel, die einst von den Abenteurern verwendet worden waren, die in diesen

Gegenden gewohnt hatten. In der Nähe des Meeres fanden wir ein paar junge Kelpgänse (*Chloephaga hybrida*), ein typischer Vogel auf Feuerland.

Wir liessen den Strand hinter uns und stiegen auf einen Berg. Dort machten wir Rast, um einen heissen Tee zu trinken und etwas zu essen. Es war nicht gut, allzu lange Halt zu machen; wenn sich unsere Körper abkühlten, machte sich die Kälte unerbittlich bemerkbar. Deshalb setzten wir unsere lange Reise fort, um möglichst bald an unserem Ziel anzukommen. Um halb sechs stoppten wir. Wir beschlossen, auf einem kleinen Hügel das Zelt aufzustellen. Die Stelle war nicht ideal, da kein Brennholz vorhanden war und kein Bach in der Nähe vorbeizog, weshalb wir das Moorwasser trinken mussten, welches leicht schwarz gefärbt war. Abgesehen von diesen Kleinigkeiten war es ein wunderschöner Ort mit einer berauschenden Aussicht. Die Sonne verschwand langsam in der Weite des Ozeans, welcher die letzten Strahlen eines Tages spiegelte, der sich dem Ende zuneigte.

Während Leo und Juan das Zelt aufstellten, beschaffte ich Wasser für die Nacht und den nächsten Morgen. Wir machten alles bereit, verstauten unsere Sachen im Zelt, zogen uns um und tranken schliesslich einen heissen Tee. Danach machte ich ein Nickerchen von ungefähr zwei Stunden. Juan weckte mich, als das Abendessen schon bereit war. Kaum hatten wir gegessen, gingen wir ins Bett. Wir waren sehr müde, da wir in der Nacht zuvor nur drei Stunden geschlafen hatten.

TAG 34 Schon vor einiger Zeit war uns der Vorrat für unser Frühstück ausgegangen; Getreide, getrocknete Früchte, Nüsse und Haselnüsse; der „Produktemix", wie wir es genannt hatten. Die letzten Morgen standen eher im Zeichen der Traditionen unseres Landes: *mate* mit *tortas fritas.* Ich kam als erster aus dem Zelt. Die Belohnung dafür war ein Sonnenaufgang in rosaroten, orangefarbenen und gelben Tönen, neben dem Glück, vor diesem unbeschreiblichen Hintergrund noch etwa zehn Kondore gleiten zu sehen. Wir waren nicht mehr weit von unserem Ziel entfernt, und immer noch schenkte uns die Natur Tag für Tag ihre Wunder.

Der Weg war fest und gut zu erkennen, als ob er von einem unsichtbaren Maler extra für uns gezeichnet worden wäre, damit wir ihm bis ans Ende folgten, um endlich unser ersehntes Ziel zu erreichen. Wir nahmen es mit der Ruhe, im Rhythmus der Lieder, die wir an diesem sonnigen Morgen sangen. Wir stiegen zum Strand hinunter, und da es Ebbe war, konnten wir bequem über den festen Sand gehen und hatten keinerlei Hindernisse zu überwinden. Nach langem Wandern über diese Strände, die unendlichen Autobahnen glichen, kamen wir zu einem Aufstieg, der mit Pfählen markiert war. Er war lang und steil, und der tonige Untergrund zerbröckelte bei jedem unserer Schritte. Mit Hilfe meiner Wanderstöcke und indem ich mich an einigen Pfählen festhielt, schaffte ich es bis nach oben. Wir fanden einen Zaun und ein Schild, das darauf hinwies, dass wir uns immer noch in der Estancia Policarpo, im Gebiet La Chaira befanden. Wir traten ein und konnten in der Ferne eine Häusergruppe erkennen. Sofort ertönte das Bellen von mehr als einem Dutzend Hunde und der darauffolgende Ruf von jemandem, der sich wohl nach dem Grund ihrer Aufregung fragte. Es war mehr als nur ein Unterstand: ein grosses Haus und ein paar weitere kleinere Schuppen, bestimmt eine Metzgerei, ein Werkzeuglager, eine Vorratskammer und Latrinen. Der Landarbeiter bat uns in sein Haus. Er stellte sich als Ainol vor. Es war gegen zwölf Uhr, vielleicht hätten wir es noch bis zur Estancia María Luisa schaffen können, wenn wir das gewollt hätten. Wir beschlossen aber einstimmig, noch hier zu bleiben und uns vom Erbe dieses

Einheimischen bereichern zu lassen, seine Geschichten und die Geheimnisse seiner Welt zu erfahren und einmal mehr die unvergessliche Gastfreundschaft eines argentinischen *gauchos* zu geniessen.

Ainol liess uns gerne die Nacht im Posten verbringen; er machte uns sogar Mittagessen, ein paar *tortas fritas* zum Vesper und gegrilltes Fleisch zum Abendessen. Natürlich durfte auch der *mate* nicht fehlen, und nach Sonnenuntergang führten wir lange Gespräche bis tief in die Nacht hinein, im Schein des Mondes, der bis zum nächsten Tag wieder in die Tiefe des Ozeans eingetaucht sein würde. Wie schon bei den anderen Landarbeitern, die wir auf unserer Reise angetroffen hatten, war auch das Gespräch mit Ainol eine Gelegenheit, mehr über die Gewohnheiten und Ansichten der Landleute zu erfahren, über ihre Mythen, ihren Glauben und eine Lebensart, die so anders war als jene, die wir kannten, und die oft eine kritischere Selbstbeobachtung beinhaltete und sich von der Oberflächlichkeit und dem Konsumverhalten der modernen Gesellschaft distanzierte. Ich fand es interessant, gewisse Parallelen zwischen Ainol und Pati und dem Correntino zu entdecken, in ihrer Sprache, der Art, wie sie ihre Gedanken und ihre Sicht des Lebens ausdrückten. Es gibt nur noch wenige wahre *gauchos*, aber jene, die noch verblieben sind, sind lebendiger denn je.

Nachts, während ich im Schein einer Öllampe eine gute Tasse Tee trank, machte ich einen Eintrag in mein Tagebuch und zählte die Stunden zusammen, die wir über die ganzen vergangenen Tage gewandert waren. Ich erinnere mich, dass ich unser abgenutztes schwarzweisses Satellitenbild betrachtete und ich es fast nicht glauben konnte, dass wir nun kurz davor waren, unser Ziel zu verwirklichen – nur noch ein letzter Fluss, ein letzter Strand, ein letzter, unvergesslicher Tag, die Zielgerade der *Nomaden von Mitre*.

TAG 35 Schon früh am Morgen wurden wir von den Geräuschen aus dem Hauptraum des Hauses geweckt. Wir hörten, wie Ainol Feuer machte, den Wasserkrug aufsetzte, die *yerba* auswechselte und den *mate* zubereitete. Dann war es einen Moment lang still; bestimmt wartete er, bis das Wasser heiss war. Wir beeilten uns und standen auf; wir wollten diesen Zauber des Tagesanbruchs weit weg von der Stadt nicht verpassen. Der Morgen verging schnell; bevor wir es bemerkten, war es schon Mittag. Ainol war dabei, Mittagessen zu kochen, leider mussten wir aber aufbrechen; die Strömung war abnehmend und wir mussten noch den Fluss Yrigoyen überqueren. Als Zeichen unserer Dankbarkeit für die Gastfreundschaft im Posten La Chaira schenkte Leo Ainol ein T-Shirt. Dann, nachdem wir die Rucksäcke gepackt hatten, machten wir uns auf, das Abenteuer zu beenden, welches wir fünfunddreissig Tage zuvor, an einem sonnigen Morgen im Mai, begonnen hatten.

Auch dieser Morgen hätte nicht prächtiger sein können. Es war kalt, aber die Sonne strahlte den ganzen Weg über; einmal mehr meinte sie es gut mit uns, schenkte uns ihre warme Umarmung und erfreute uns mit ihrem glänzenden Licht. Nach zwei Stunden erreichten wir den Fluss Yrigoyen. Wir überquerten ihn ganz in der Nähe seiner Mündung und versanken gerade mal bis zu den Knien im Wasser. Die Strömung war ziemlich stark, bereitete uns aber keine grösseren Schwierigkeiten. Wir feierten den besonderen Moment, das letzte Hindernis überwunden zu haben, den Fluss, der die Grenze dieses Gebiet namens Halbinsel Mitre darstellte, dieser Gegenden, von denen ich geträumt hatte und die ich nun hinter mir liess, nachdem ich sie durchquert und mit solcher Intensität erlebt hatte.

Nun waren wir ganz entspannt; wir waren nur noch wenige Stunden von unserem Ziel entfernt. Dieser Umstand und die Schönheit des Tages verlangten nach ein paar Fotos, und ich konnte fast nicht mehr damit aufhören, den Himmel, die Strände und den Ozean abzulichten, die ich mit jedem meiner Schritte in Erinnerung behalten würde. Vielleicht konnte ich mich nicht mit den Bildern, die ich in meinem Gedächtnis gespeichert hatte, begnügen. Ich brauchte konkrete Beweise; ich hätte es mir nie verziehen, die Bilder dieses wundervollen Ortes nach meiner Rückkehr nicht mit all meinen Liebsten teilen zu können. Das alles war zu perfekt, um es für mich zu behalten.

Wir gingen weiter entlang der Küste, bis wir auf einen Weg kamen, der uns zu einem Fischerhäuschen führte. Aufgrund der grossen Fänge, die hier üblicherweise gemacht werden, kommen im Sommer viele Fischer hierhin. Die Forellen erreichen oft ein Gewicht von vier bis fünf Kilo. Wir wanderten weiter, bis der Weg zu einer Strasse wurde. Wir hatten es geschafft. Wir kamen bequem voran, ein bisschen wie Autos ohne Motor, Lärm und verschmutzende Abgase; wir hatten weder eine Hupe noch Rückspiegel oder ein Lenkrad, wohl aber einen Kurs, einen Ort, wo wir hin wollten, ein klares Ziel: die Estancia María Luisa.

Wir kamen einige Stunden später an, gegen fünf Uhr nachmittags. Leo war ein bisschen vorausgegangen, als wir auf ein Tor stiessen. Er öffnete es. Dann winkte er uns wie wild mit seinen Wanderstöcken. Es gab keinen Zweifel mehr, wie waren am Ziel. Hier würden fünfunddreissig Wandertage enden, man würde uns mit einem Lieferwagen abholen und wir würden nicht mehr länger gezwungen sein, unsere müden Beine zu brauchen, um von einem Ort zum andern zu kommen, wir mussten nicht mehr Nomaden sein, wir würden in die Stadt und folglich in ein sesshaftes Leben zurückkehren, und alles, was davon übrig bleiben würde, wären die schönen Erinnerungen, die Erlebnisse von drei Männern, drei Schicksalen, die während mehr als einem Monat eins geworden waren, ein kleines Team, das in Wirklichkeit viel grösser war; das Bewusstsein über unsere Stärken und Schwächen, darüber, dass Hoffnungen die Seelen bewegen konnten und die Seelen die Körper, und dass die Körper wertlos waren ohne die ersten beiden, die sie vorantrieben; das Bewusstsein, dass wir, auch wenn wir glaubten, nicht mehr weiter gehen zu können, immer noch zu etwas mehr fähig waren, dass wir, auch wenn unsere Beine schwer wurden, mit dem Kopf wanderten; und vor allem das Bewusstsein, dass es keine Supermänner gibt, wohl aber übergrossen Willen.

7

Mission erfüllt

Ankunft der *Nomaden* bei der Estancia María Luisa

Das Tor zur Estancia María Luisa zu öffnen, bedeutete für uns mehr als das Überschreiten der Grenze zwischen zwei Gebieten. Mit diesem gewöhnlichen Akt, das Holztor aufzustossen, wurde uns klar, dass wir nach Hause zurückkehren würden. Und ich wusste nicht genau, ob ich darüber glücklich oder traurig sein sollte.

Bevor wir uns dem zuständigen Arbeiter der Estancia vorstellten, feierten wir das grosse Ereignis gebührend. Natürlich war es ein sehr emotionaler Moment, voller Umarmungen, Lachen und Tränen. Und wir machten auch schon Scherze über den Empfang, der uns erwarten würde.

Wie gewöhnlich hiess uns der Vorarbeiter der Estancia sehr herzlich willkommen. Herr Vera empfing uns mit einer liebenswürdigen und grosszügigen Art. Sogleich brachte er uns in einer Hütte unter, die unsere Erwartungen an Komfort weit übertraf. Ein einfaches Dach über dem Kopf hätte uns schon genügt, dieses kleine Holzhaus war jedoch mit einem Herd mit Feuerstelle (welche wir auch sogleich anzündeten), Betten und sogar einem Bad ausgestattet. Don Vera liess uns einen Moment allein, damit wir uns einrichten konnten, und wir nutzten die Gelegenheit, um einen heissen *mate cocido* zu trinken. Später kam der wohlwollende Mann zurück, um uns mitzuteilen, dass das Essen fertig war. Dieses grosszügige Angebot überraschte uns nicht, denn während der Expedition hatten wir immer wieder erfahren, dass die Menschen auf dem Land dem Reisenden nicht nur alles anbieten, was in ihrer Möglichkeit steht, sondern ihm auch ihre grenzenlose Hilfe entgegenbringen. Es ist erstaunlich und erfreulich zugleich, auf solche fantastischen Persönlichkeiten zu treffen, die Unbekannten helfen, ohne auch nur das Geringste über sie zu wissen; Menschen, deren Seele von einer Güte und Grosszügigkeit erfüllt ist, die über das normale Leben hinaus gehen.

Ohne Zögern nahmen wir Herrn Veras Einladung an und folgten ihm ins Haus. Isabel, eine freundliche Dame von kleiner Statur, stellte sich als seine Frau und Herrin des Hauses vor. Ich war überrascht, wie sauber alles war. Es herrschte absolute Reinlichkeit in jedem Winkel dieses mit Liebe und Sorgfalt gepflegten Wohnsitzes. Jedes kleine Detail glänzte und gab dem ganzen Raum eine familiäre und warme Stimmung, in er man sich sofort wie zu Hause fühlte. Die Feuerstelle war das beste Beispiel dafür; obwohl sie das Haus grosszügig erwärmte, war darum herum nicht ein einziger kleiner Holzspan zu sehen, der die Flammen in ihrem eisernen Bauch verraten hätte.

Isabel überraschte uns mit Lammfleisch und Kartoffeln. Alles war hausgemacht und hatte diesen besonderen Geschmack, den Mütter üblicherweise ihrem Essen beifügen. Als Zeichen unserer Dankbarkeit schenkten wir der gutmütigen Frau unsere letzte Tafel Schokolade. Beim Kaffee zeigten wir ihnen einige der Bilder, die wir auf unserer langen Reise mit der Filmkamera eingefangen hatten. Beide schienen erfreut über das kleine Kino, das wir ihnen dargeboten haben.

Die Geschichte von Herrn Vera und Isabel gleicht jener vieler anderer Paare, die sich dazu entschieden haben, auf dem Land zu arbeiten. Wir konnten sogar einen Vergleich mit den ersten Eheleuten anstellen, Juan Carlos und Ramona, welche wir vor vielen Kilometern an der Küste des Beagle-Kanals auf der historischen Estancia Harberton kennengelernt hatten. Wie sie hatten auch Herr Vera und Isabel, die in Chile geboren worden waren, auf verschiedenen Estancias in der Provinz gearbeitet: Vera als Vorarbeiter, Isabel als Hausangestellte. Hunderte von Kilometern trennten diese zwei Paare, und trotzdem teilten sie ähnliche

Werte. Der menschliche Aspekt zeichnet das Wesen dieser Menschen aus und macht sie so besonders.

Sehr dankbar für die Wärme, die uns Vera und Isabel geschenkt hatten, zogen wir uns zurück und versprachen ihnen, am nächsten Tag mit ihnen zu frühstücken.

Bevor wir zu unserer Hütte zurückkehrten, besuchten wir zwei Arbeiter der Estancia, Germán und Ezequiel. Wir verbrachten eine gute Weile mit ihnen, tranken *mate* und unterhielten uns über verschiedene Themen. Neugierig wollten sie mehr über unsere Reise erfahren, und wir erzählten ihnen gerne von den vielen angenehmen aber auch bitteren Momenten. Sie berichteten uns indessen von ihren Tätigkeiten; sie arbeiteten nicht in der Schafszucht auf María Luisa, sondern im Sägewerk der Estancia. Ich ging früher ins Bett als Leo und Juan; ich war sehr müde und brauchte ein bisschen Schlaf.

TAG 36 | DER LETZTE TAG

Wir standen gegen halb acht Uhr auf. Leo machte Feuer und bereitete einen *mate* zu, um den Tag zu beginnen. Zwei Stunden später sassen wir im Haus von Herrn Vera und freuten uns auf ein köstliches Frühstück vom Land. Das hausgemachte Brot war wunderbar, und zusammen mit der Butter, der Marmelade und dem heissen Kaffee ergab sich eine himmlische Kombination. Als die Butter ausging, hätten wir Isabel gerne um etwas mehr gebeten, aber niemand traute sich. Schliesslich liessen wir das Los entscheiden, wobei ich verlor und die „unangenehme Aufgabe" übernehmen musste, während Leo und Juan sich darüber lustig machten. Nach diesem morgendlichen Festmahl war es Zeit für ein Bad. Einer nach dem andern traten wir in den Beichtstuhl von dämpfendem Wasser, wo wir uns waschen und die unverkennbaren Spuren von hunderten von Kilometern zurücklassen würden, von Bergen, Mooren, Stränden und Wäldern, von Dreck, Sand, Schlamm und Holz. Unser Nomaden-Geist war dazu verdammt, hier zu bleiben und in der Einsamkeit der Halbinsel Mitre zu leben, an dem Ort, wo er einst entstanden war. Diese Gerüche, die uns so lange begleitet hatten und uns ans Herz gewachsen waren, mussten nun unter diesem heissen, sauberen Wasser für immer verschwinden. Aus dieser symbolträchtigen Zeremonie kamen wir mit einem anderen Gesicht heraus als jenes, das wir über mehr als einen Monat gehabt hatten: Allmählich näherten wir uns wieder der Zivilisation.

Bevor wir aus dem Haus gingen, um unsere Sachen für die Rückreise zu packen, riet uns Isabel, nicht allzu weit wegzugehen, da sie uns fürs Mittagessen erwarten würde. Natürlich befolgten wir ihre Anweisungen. Eine solche Einladung konnten wir nicht ablehnen, noch viel weniger, da wir schon im Voraus wussten, was für Köstlichkeiten uns erwarten würden.

Vor dem Mittag war schon alles für die Abfahrt bereit. Nach einem unvergesslichen Essen besuchten wir mit Ezequiel und Germán die Einrichtungen des Sägewerks. Es war in jeder Hinsicht ein wunderschöner Tag. Die Umgebung war ruhig und die warmen Sonnenstrahlen drangen zwischen den Blättern des Buchenwaldes hindurch, der bis zum Himmel zu reichen schien;

Juan M. Ronco mit dem mate, während einer der Pausen der Nomaden.

der Wind bewegte sanft die Baumkronen, wie ein Vater, der sein Kind wiegt, und das feine Rauschen der Blätter war ein stummer Gesang, fast wie ein Wiegenlied.

Das einzige, was die Harmonie und Ruhe dieses Bildes zerstörte, war unser Lastwagen, der wie ein grünes Monster über den abgenutzten Landweg fuhr, sich mit seinen riesigen Rädern in das schlammige Gelände bohrte und mit dem kräftigen Lärm seines Motors energisch protestierte. Wir genossen aber die Fahrt zum Sägewerk und lachten und jauchzten vor Freude.

Unsere Führer erklärten uns in einigen Worten den Betrieb des Sägewerks, während sie uns die Maschinen zeigten und auf die Methoden und Prozesse im Umgang mit den Ressourcen des Waldes hinwiesen.

Nach der Besichtigung kehrten wir wieder zum Haupthaus der Estancia zurück. Als wir uns dem Gebäude näherten, konnten wir von weitem ein Fahrzeug erkennen, welches zweifellos der Lieferwagen sein musste, der uns zurück in die Stadt bringen würde. Unsere Vermutung bestätigte sich, als wir unsere feiernden Freunde am Eingang der Estancia sahen. Es war Beto, ein Arbeitskollege und Freund von Juan, der gekommen war, um uns abzuholen, begleitet von seiner Frau und unserem Freund Lucas Ramos. In gewisser Weise war das Wiedersehen mit ihnen mein erster Kontakt mit der Zivilisation. Nach den warmen Umarmungen und der grossen Willkommensfreude zwischen den *Nomaden* und dem kleinen Empfangskomitee, wollte jeder von uns die wichtigsten Neuigkeiten der letzten sechsunddreissig Tage erfahren. Einerseits wollte ich alles über die Geschehnisse des vergangenen Monats wissen und endlich meine Familie und meine engsten Freunde wiedersehen, andererseits wollte ich aber auch in dieser Welt bleiben, wo das Wesentliche, die Tiefe des Lebens so viel bedeutet hatte. Ich wusste, dass dies unmöglich war, denn die Rückkehr in die Stadt würde mich dazu zwingen, mich wieder in die Gesellschaft einzufügen, was zur Folge haben würde, dass ich meine Arbeit wieder aufnehmen, die Miete bezahlen, Termine einhalten und Normen und Regeln folgen müsste, um in den Rahmen des Systems zu passen.

Ohne viel Zeit zu verlieren packten wir unser Gepäck in den Wagen, um uns ein für allemal auf den Weg nach Hause zu machen. Beim Abschied nahmen wir uns ein paar Minuten Zeit, um uns bei Herrn Vera und Isabel von ganzem Herzen für alles zu bedanken, was sie für uns getan hatten. Da überraschte uns die grossmütige Frau noch einmal mit einer Einladung, die niemand ablehnen konnte: eine Vesper auf dem Land. Dazu bewirtete uns die wundervolle Herrin mit einem grossen Tablett *tortas fritas*, hausgemachtem Brot, Butter und *dulce de leche*. Wir hätten es uns nie verziehen, wenn wir nicht noch eine gute Tasse Kaffee mit solchen Köstlichkeiten genossen hätten. Einmal mehr prägten sich die Werte der Landleute für immer in meinem Herzen ein.

Danach waren wir bereit zum Aufbruch. Wir verabschiedeten uns endgültig von allen auf der Estancia und traten die Rückkehr entlang der Landstrasse A an. Wir fuhren über den kurvigen Schotterweg, während sich der Tag langsam in rosaroten, gelben und immer dunkleren Tönen färbte. Schliesslich war es Nacht, und die schwere Dunkelheit verwandelte alle Gegenstände in gesichtslose Formen, gestaltlose Schatten und verschwommene Geister.

Während der Fahrt führten wir mit Beto ein interessantes Gespräch über das Leben auf einer Insel und was dies für die Bewohner mit sich brachte. Nach dieser Unterhaltung versank ich während einer ganzen Weile in eine Art Einkehr, dachte über meine innersten Gefühle nach und versuchte trotzdem, möglichst objektiv zu analysieren, was Mitre für mich alles bedeutet hatte. Ich stellte fest, dass diese Reise viel mehr gewesen war als ein Traum, der in Erfüllung gegangen war; sie war auch ein besonderer Weg, uns von allem Materiellen der Welt zu distanzieren und das Wesentliche der Dinge zu finden, zu lernen, was wichtig ist im Leben, zu merken, wie überflüssig alles Materielle ist, unser wahres Ich zu entdecken, ohne Masken oder Schutzpanzer, und die Welt mit unserem Herzen und unserer Seele wahrzunehmen.

Tief ins Innere der Halbinsel Mitre einzudringen, hatte in mir ein Bewusstsein über zwei gegensätzliche, unterschiedliche Ebenen der Realität hervorgerufen. Die erste hatte mit dem alltäglichen Leben in der Stadt, mit der Gesellschaft und ihrer zyklischen

Routine zu tun; eine Realität, die auf Dauer zu Mittelmässigkeit und Konformismus, zu Gewohnheit und Gleichgültigkeit führen würde. Die zweite Ebene bezog sich auf die Möglichkeit, ein erfülltes Leben zu führen, auf eine neue Welt, die Tag für Tag neu entdeckt werden musste, auf ein Leben voller Hoffnung, Wahrheit aber auch Ängste. Dies war eine Realität, die uns zweifellos Einheit und Freundschaft brachte und uns in der Gruppe für ein gemeinsames Ziel arbeiten liess, eine Realität, die im weitesten Sinne nur eines bedeuten konnte: Erleuchtung.

Es war etwas seltsam, durch das Dörfchen Tolhuin zu fahren (an der Nationalstrasse 3, auf dem Weg nach Ushuaia, im Zentrum der Insel). Wir wurden in magischer Weise von hunderten von kleinen Lichtern überrascht, die die Nacht erhellten. Es handelte sich aber um die Glühbirnen eines Elektrizitätswerks und nicht um die grossen Lagerfeuer, die wir jeweils entzündet hatten, um das Schwarz der unwirtlichen und verlassenen Küsten Feuerlands zu erleuchten. Wir machten einen kurzen Halt in einer Bäckerei namens La Unión, um etwas zu essen zu kaufen. Als ich meinen Geldbeutel hervornahm, um zu bezahlen, musste ich lachen, da ich darin nichts als Schimmel vorfand. Die grüne Kultur war nicht eine Folge dessen, dass ich den Geldbeutel nie benutzt hatte, sondern dass er nass geworden war, als wir das kalte Wasser des Flusses Bompland durchwatet hatten. Ich hätte ihn trocknen lassen müssen, bevor ich ihn wieder einpackte, aber wie man sich vorstellen kann, habe ich das nicht getan.

Die letzten hundert Kilometer, die Tolhuin von Ushuaia trennten, waren wie ein Countdown bis zu unserer Ankunft zu Hause. Dabei merkte ich, dass ich die Einsamkeit von Mitre vermissen würde, freute mich aber auch, in meine Stadt zurückzukehren und meine Leute wieder zu sehen. So weit weg von allem zu sein hatte mich das, was vorher alltäglich gewesen war, wieder intensiver lieben gelernt; einschliesslich meiner Familie und meiner Freunde.

Es war ein heftiges Gefühl, schliesslich in Ushuaia anzukommen, der südlichsten Stadt der Welt. Ich fühlte mich weit weg von all dem, was ich in diesem Moment erlebte, von diesem Wagen, der durch die von Menschen und Autos überfüllten Strassen fuhr.

Es war, wie in eine andere Zeit zu kommen, an einen Ort, an dessen Abwesenheit wir uns gewöhnt hatten, in eine Dimension, der ich einst angehört zu haben schien. Wieder in der Stadt zu sein gab mir das Gefühl, etwas wiederzuerlangen, ein Leben, auf das ich während sechsunddreissig Tagen verzichtet hatte. Aber es waren nicht die Düfte der Nacht, der städtische Lärm oder die vertrauten Häuser, die mich spüren liessen, dass ich nach Hause gekommen war. Was mir wirklich das Gefühl gab, dass ich wieder daheim war, war etwas viel Einfacheres. Etwas so Einfaches und Bewegendes wie die hohe Stimme eines Kindes, eines Jungen, der nach seinem Vater rief. Als Beto den Wagen vor Leos Haustür stoppte, schrie einer seiner Söhne aus vollen Kräften: „Papa!“. In diesem Augenblick spürte ich, wie mich eine grosse Freude überkam, ich hatte begriffen, dass wir wieder zu Hause waren.

8 Nachwort

Meine erste Expedition zur Halbinsel Mitre hat mich ausserordentlich bereichert. Nachdem wir das Abenteuer vollendet hatten, nutzten wir unsere Fotos und unser erworbenes Wissen, um während der Wintermonate Dutzende von Vorträgen in diversen Schulen in Ushuaia zu halten. Unser Ziel war es, unsere Erfahrung zu verbreiten und den Kindern durch die Erzählung unserer Reise ein Bewusstsein für die Bedeutung der Liebe und der Achtung für die Natur zu vermitteln. Wir sprachen ausgiebig über Themen wie Flora, Fauna, Ökologie und Geschichte. Um die Vorträge etwas zu beleben, zeigten wir Dias, die die wichtigsten Orte der beschriebenen Themen und Bilder von den Schlüsselmomenten unserer Expedition präsentierten.

Ich erinnere mich, dass die jungen Schüler erstaunt den Geschichten dieser drei Verrückten zugehört hatten, die hunderte von Kilometern ihrer Insel zu Fuss zurückgelegt hatten. Sie zeigten grosses Interesse und stellten uns Fragen, die uns oftmals durch ihre Komplexität und ihren tiefen Hintergrund überraschten. Noch so gerne beantworteten wir jede einzelne Frage der neugierigen Schüler.

Jedes Foto, das wir zeigten, jeder Ort, jeder Sonnenauf- und Untergang, von dem wir erzählten und mit den kleinen Zuhörern teilten, riefen Erinnerungen hervor und liessen meine Gedanken wieder auf diese so besondere Halbinsel zurückkehren. Ich fühlte immer mehr, dass ich die wilden Küsten vermisste, die Klippen, die von den Wellen des Ozeans berührt wurden und sich bis ins Unendliche zu erstrecken schienen. Ich träumte von den langen Tagen, während derer wir über Stunden entlang verlassener Strände gewandert waren und nur noch das Lied des Meeres und das Geräusch unserer Schritte im Sand zu hören war.

Ich weiss nicht, ob es eine Laune des Schicksals oder einfach purer Zufall war. Sicher ist, dass ich mich, fast ohne es zu merken, elf Monate nach meiner ersten Expedition bereits wieder in den Vorbereitungen befand, zu diesem Ort zurückzukehren, der mir so viel gegeben hatte. Die Expedition „Rückkehr nach Mitre" war Tatsache geworden. Es war klar, dass die Halbinsel Mitre mich in ihren Bann gezogen hatte, sie hatte eine unwiderstehliche Anziehungskraft, die meine ganze Seele, meine Gedanken und meine Sinne verführte; eine Kraft, die mich dazu zwang, in diese Gegenden zurückzukehren, mich wieder auf die Suche nach dem Geist der Nomaden zu machen, der bestimmt noch dort herumirrte. Es war eine Art Magnet, ein unsichtbares, kräftiges Band, das mich dazu verlockte, die Quelle dieses seltsamen Zaubers erneut zu ergründen.

Meine Begleiter würden nicht mehr die selben sein; dieses Mal würde ich das Abenteuer mit Carlos Signori (37) und Raúl Ranzani (42) teilen, beides Liebhaber der Natur und des Lebens unter freiem Himmel. Die Strecke würde die gleiche bleiben, mit der Ausnahme, dass wir nicht mehr von Ushuaia, sondern von der Estancia Moat aus starten würden. Wir würden aber ähnliche Wege gehen wie auf der vorherigen Reise, und trotzdem würde ich eine neue Welt vor mir haben, die es zu entdecken galt, eine Welt, die nicht mit der Landschaft oder der Route zu tun hatte, sondern mit den komplizierten Biegungen und Wendungen der menschlichen Beziehungen.

Einmal mehr würden wir unzählige Ereignisse und Abenteuer am Ende der Welt erleben. Aber dies, lieber Leser, ist Teil einer anderen Geschichte…

Dank

Folgenden Personen und Organisationen möchte ich meinen herzlichsten Dank aussprechen: Leo und Juan, dafür, dass sie mich dabei unterstützt haben, die wunderschöne Gegend der Halbinsel Mitre zu erforschen, und für die ausgezeichneten Bilder, die sie mir für dieses Buch zur Verfügung gestellt haben, Adolfo Imbert, Beto Brizuela, Sergio Anselmino, Carlos Signoni und Raúl Ranzani, Osvaldo Bianchi, Carlos von der Chocolatería Ushuaia, Juan Domingo Vázquez, der Librería Rayuela, allen Leuten des Museo del Fin del Mundo, der Banco de Tierra del Fuego, Foto Eduardo, Juan Pablo Ortiz, Felipe Lobert, Herrn Moreno Preto und Catamaranes Canoero, María Angélica von All Patagonia, der Argentinischen Marine, vor allem der Besatzung des Postens A. R. A. in der Bucht Buen Suceso, Makalu, Pati und dem Correntino, Juan Carlos und Ramona von der Estancia Harberton, Nelson Ainol und Herrn Oyarsún vom Posten La Chaira, Herrn Vera und Isabel von der Estancia María Luisa, Hernán, Esteban, Gustavo und Beto von Canal Fun, Lucas Ramos, Mariano Melidone, Herrn Alejandro Suárez Molina, María Laura Borla, Tomás Gerhardt, allen Schulen, die sich sofort für unsere Vorträge über die Expedition *Nomaden von Mitre* zur Verfügung gestellt und uns immer herzlich empfangen haben, und natürlich allen unseren Verwandten und Freunden, die vor, während und nach der Expedition für uns da waren.

F. E. G.
Ushuaia, im Juli 2007

Bibliographie

CANCLINI, Arnoldo, *Hasta lo último de la tierra,* Buenos Aires, La Aurora, 1978.

CANCLINI, Arnoldo (ed.), *Ushuaia, 1884-1984. Cien años de una ciudad argentina,* Ushuaia, Municipalidad de Ushuaia, 1984.

BELZA, Juan E., *Romancero del Topónimo Fueguino: discusión histórica desde su origen y fortuna,* Buenos Aires, Publicación del Instituto de Investigaciones Históricas de Tierra del Fuego, 1978.

BRIDGES, Lucas, *El último confín de la tierra,* Buenos Aires, Marymar Ediciones, 1978.

CARRARA, Ítalo Santiago, *Lobos marinos, pingüinos y guaneras de las costas del litoral marítimo e islas adyacentes de la República Argentina,* La Plata, Universidad de la Plata, Facultad de Ciencias Veterinarias, 1952.

EL FUEGUINO, "Naufragio en el Beagle", Ushuaia, 22. Januar 1988.

GUSINDE, Martín, *Los Indios de Tierra del Fuego,* Band II, Buenos Aires, Centro Argentino de Etnología Americana, Consejo Nacional de Investigaciones Científicas y Técnicas, 1986.

INSTITUTO DE INVESTIGACIONES HISTÓRICAS DE TIERRA DEL FUEGO, *Karukinka,* Cuaderno Fueguino N.º3, Buenos Aires, 1973.

INSTITUTO GEOGRÁFICO MILITAR, *Toponimia de la República Argentina, Territorio Nacional de Tierra del Fuego,* Buenos Aires, 1982.

LISTA, Ramón, *Obras,* Band II, Buenos Aires, Editorial Confluencia, 1998.

OSTOICH, Pedro y Arnoldo CANCLINI (col.), *Un Solitario en Tierra del Fuego,* Ushuaia, Zagier & Urruty, 2000.

POPPER, Julio, *Atlanta. Proyecto para la fundación de un pueblo marítimo en Tierra del Fuego y otros escritos,* Buenos Aires, Eudeba, 2003.

SUBSECRETARÍA DE PLANEAMIENTO DE LA CIUDAD DE USHUAIA, *Península Mitre. Proyecto de creación de un área protegida en el extremo sudoriental de la Isla Grande de Tierra del Fuego, República Argentina,* Ushuaia, 2002.

ZANOLA, Pablo Oscar, "Otro fantasma en la navegación austral", in: PEOAF 84 (Programa del Extremo Oriental del Archipiélago Fueguino), Museo del Fin del Mundo, Ushuaia, 1986.

>>

Fotoalbum

LANDSTRASSE «A»
20
FLUSS IRIGOYEN
19
FLUSS MALENGUENA
18
FLUSS NOGUERA
FLUSS BUEN
SEE BUENO
1. KAP SAN PÍO (SÜDLICHSTER PUNKT ARGENTINIENS)
2. UNTERSTAND IN DER BUCHT SLOGGETT
3. PLAYA DORADA (GOLDENER STRAND)
4. LEUCHTTURM SAN GONZALO
5. HÖHLEN VON GARDINER
6. ALTER POLIZEIPOSTEN „GENERAL GARIBALDI"
7. ESTANCIA PUERTO ESPAÑOL
8. LEUCHTTURM ELIZALDE
9. RANCHO SORPRESA
10. ERSTES ABWEICHEN VON DER KÜSTE
11. RANCHO PRIMER VALENTINO
12. ZWEITES ABWEICHEN VON DER KÜSTE
13. EINHEIT A.R.A BUEN SUCESO
14. KAP SAN DIEGO, ÖSTLICHSTER PUNKT FEUERLANDS
15. UNTERSTAND IN DER BUCHT THETIS
16. ESTANCIA POLICARPO
17. DUCHESS OF ALBANY
18. POSTEN AM FLUSS BUENO
19. POSTEN LA CHAIRA
20. ESTANCIA MARÍA LUISA
HALBINSEL
FLUSS BOMPLAND
7
9
8
PUERTO ESPAÑOL
5
6
BUCHT AGUIRRE
FLUSS LÓPEZ
PUERTO RANCHO
2
BUCHT SLOGGETT
3
4
NACH USHUAIA
KAP SAN PÍO
1
Miero

Tierra del Fuego, 2005

Spiegelung eines Baumes in einer kleinen Lagune. Estancia Harberton. (Foto: J. Ronco).

Bei der Lektüre von Martín Fierro. Estancia Harberton.

Beim Studieren der Route. Kap San Pío.

Die argentinische Flagge am südlichsten Punkt des Landes. Kap San Pío.

Die Höhlen von Gardiner. Bucht Aguirre.

Das glänzende Sonnenlicht in der Nähe der Höhlen von Gardiner. Bucht Aguirre.

Alte Maschinerien eines früheren Sägewerks. Bucht Aguirre.

Der letzte Kaffee. In der Umgebung der Bucht Valentín.

Spuren eines Guanakos in der Bucht Valentín.

Die Teilnehmer der Expedition. Von links nach rechts: Juan Manuel Ronco, Leonardo Fernández und Federico Ezequiel Gargiulo. Im Hintergrund, die Bucht Valentín. (Foto: J. Ronco).

Unterschlupf in der Bucht Thetis.

Wildpferde in der Nähe des alten Postens Donata.

Duchess of Albany. In der Umgebung des Flusses Policarpo. (Foto: R. Ranzani).

Der Posten Río Bueno. (Foto: R. Ranzani).

Der Fluss Noguera oder Leticia.

Felsküsten im Norden, in der Nähe des Postens La Chaira. Estancia Policarpo. (Foto: R. Ranzani).

Einrichtungen des Postens La Chaira. (Foto: R. Ranzani).

Rindfleisch beim Posten La Chaira. (Foto: J. Ronco).

Rinderherde beim Posten La Chaira

Gastgeber. Einer der Landarbeiter des Postens La Chaira, Nelson Ainol. (Foto: L. Fernández).

Esta edición de 2000 ejemplares se terminó de imprimir
en octubre de 2008 en Grella Artes Gráficas,
Cochabamba 4001 - Capital Federal.